宁夏高等学校科学技术研究项目（优秀青年教师培育基金项目：NGY2017144）资助

经济管理学术文库 • 经济类

城市创新景气指数与创新演进机理研究

——以银川市为例

Research on Urban Innovation Prosperity Index and Innovation Evolution Mechanism —Taking Yinchuan City as an Example

李光荣／著

经济管理出版社
ECONOMY & MANAGEMENT PUBLISHING HOUSE

图书在版编目（CIP）数据

城市创新景气指数与创新演进机理研究：以银川市为例/李光荣著. —北京：经济管理出版社，2018.1
ISBN 978-7-5096-5665-5

Ⅰ. ①城…　Ⅱ. ①李…　Ⅲ. ①城市经济—经济发展—研究—银川　Ⅳ. ①F299.274.31

中国版本图书馆 CIP 数据核字（2018）第 027631 号

组稿编辑：杨国强
责任编辑：杨国强　张瑞军
责任印制：黄章平
责任校对：陈　颖

出版发行：经济管理出版社
（北京市海淀区北蜂窝 8 号中雅大厦 A 座 11 层　100038）
网　　址：www. E-mp. com. cn
电　　话：(010) 51915602
印　　刷：三河市延风印装有限公司
经　　销：新华书店
开　　本：720mm×1000mm/16
印　　张：11.5
字　　数：168 千字
版　　次：2018 年 4 月第 1 版　2018 年 4 月第 1 次印刷
书　　号：ISBN 978-7-5096-5665-5
定　　价：58.00 元

前　言

从城市在国家（区域）经济、科技活动以及创新文化发展中扮演的角色看，由于其具备自主创新的经济、科技和思想文化基础，因此在国家（区域）创新中发挥着极为重要的支撑作用、带动作用、传承作用和示范作用。党的十八大提出“实施创新驱动发展战略”以来，习近平总书记2016年5月30日在“科技三会”上要求，“发挥各地在创新发展中的积极性和主动性，尊重科技创新的区域集聚规律，因地制宜探索差异化的创新发展路径，建设若干具有强大带动力的创新型城市和区域创新中心，有力支撑创新型省份和创新型国家建设”。创新城市的建设是实现创新驱动发展战略的基本途径之一。2017年10月18日，习近平总书记在十九大报告中再次就“加快建设创新型国家”进行了战略部署，指出“创新是引领发展的第一动力，是建设现代化经济体系的战略支撑”。银川市被科技部、国家发展改革委列为创新型城市的试点建设城市，为研究提升区域创新能力的内在机理，研究构建银川市城市创新发展景气指标体系与指数模型，并进一步研究其创新发展驱动机理、提升城市创新能力的途径等问题，对管理部门完善创新管理手段、改进创新政策发展、推进的创新型城市建设实践有着重要的理论支撑作用与实践借鉴意义。

本书围绕城市创新景气指数、指数背后所隐含的城市创新能力演变机理展开研究。全书共分为五章：第一章介绍了银川市城市创新发展概况；第二章研究构建银川市城市创新指数，回顾国内外创新景气指数研究与应用现状，系统分析城市创新系统的影响因素，构建银川市城市创新景气指标并建立城市创新景气指数模型，统计银川市城市创新景气指标并计算、分析银川市城市创新景气指数；第三章研究银川市城市创新系统的作用路径，在理论分析和调研基础上，提出城市创新景气指数、城市创新系统因素的作用关系模型，并进行实证分析；第四章研究银川市城市创新能力提升的动力学机制，通过构建城市创新能力系统动力学模型，对银川市城市创新能力提升的作用机理进行仿真分析；第五章在前文研究基础之上，从构建银川市城市创新生态系统、创新人才队伍建设、产学研协同、科技金融系统和创新文化体系等方面提出了银川提升城市创新能力的路径建议。

本书的主要研究特色：一是在城市创新景气指数研究基础上，从分析银川市城市创新特征入手，研究银川市城市创新景气的影响因素，构建区域城市创新景气指数指标体系和景气指数模型，明确创新城市所处状态“是什么”的问题，便于管理部门预先研判城市创新发展的态势；二是进一步对银川市城市创新景气指数背后的城市创新演变机理展开研究，探究科技创新活动的时序性、波动循环状态及其规律，揭示银川市城市创新景气指数演变的动力机制——创新发展表象背后“为什么”的问题，为决策者深入理解和把握城市创新发展的内在规律及关键点提供理论支撑；三是进一步地针对区域创新城市的特征和内在特性探索其建设路径及发展模式，指明区域城市建设中“怎么办”的问题。

能完成本书所涉及内容的研究工作，要特别感谢美国南密西西比大学赖福军教授、北方民族大学杨保军教授、北方民族大学及西南财经大学尹忠明教授等在本书构思及撰写过程中的有益启发，还要感谢银川市科技局和银川市生产力促进中心的同人在实证研究中提供的支持！尤其感谢银川市生产力促进中心王丽娟女士收集基础数据及在校对文稿中付出的辛勤劳动！

最后，由于作者水平有限，撰写时间仓促，书中错误和不足之处在所难免，恳请广大读者批评指正。

目　录

第一章　银川市城市创新发展概况

一、银川市简介

银川市简称“银”，是宁夏回族自治区的首府，历史文化名城，西北地区重要的中心城市。银川市地处中国西北地区宁夏平原中部，西倚贺兰山、东临黄河，是发展中的区域性中心城市，中国—阿拉伯国家博览会的永久举办地。银川市是历史悠久的塞上古城，早在3万年前就有人类在水洞沟遗址繁衍生息，史上西夏王朝的首都，是国家历史文化名城，民间传说中又称“凤凰城”，古称“兴庆府”“宁夏城”，素有“塞上江南、鱼米之乡”的美誉，城西有著名的国家级文化风景区西夏王陵。城市综合竞争力跻身全国百强，荣获全国文明城市、国家节水型城市、国家卫生城市、国家园林城市、国家环保模范城市、中国人居环境范例奖等殊荣，被评为“中国十大新天府”。2016年12月，银川市被国务院列为第三批国家新型城镇化综合试点地区。2017年，经复查确认银川市继续保留全国文明城市荣誉称号。

银川市下辖三区两县一市（兴庆区、金凤区、西夏区、永宁县、贺兰县和灵武市），区划面积9025.38平方千米。2016年底，银川市总人口

317.86 万人，其中常住人口 219.11 万人，回族人口 56.4 万人，占常住人口的 25.7%。2016 年银川市实现地区生产总值 1617.28 亿元，银川市规模以上工业实现增加值 533.06 亿元，固定资产投资 1723.31 亿元，社会消费品零售总额 514.19 亿元，公共财政预算收入 173.2 亿元，城镇和农村居民人均可支配收入达到 30478 元和 12037 元。

作为提升区域创新能力的重要举措，科技部、国家发展和改革委联合印发《关于印发建设创新型城市工作指引的通知》（国科发创〔2016〕370 号），宁夏地区银川市被列为建设国家创新型城市的试点城市。银川市先后被认定为国家级创业型城市、国家知识产权试点示范城市、国家促进科技和金融结合试点、国家知识产权局专利质押融资试点城市。

二、银川市城市创新战略实施情况

银川市将“创新驱动”作为发展第一要务，坚持实施“逆向”创新发展战略——“越是欠发达地区，越需要实施创新驱动发展战略”。市委、市政府打破西部地区梯度承接东中部产业转移模式，推进开放内涵式发展，对标国际国内先进技术，一步接轨产业前沿、零度承接产业高端，发展新产业、新业态、新经济，促进智慧银川、大数据、WCA 电子竞技、通航、新能源汽车、生命健康等新产业落户银川市，增添新动能，催生一批附加值高、竞争力强的新的经济增长点。先后举办承办的中阿博览会、WCA 世界电竞大赛、TMF 全球智慧城市峰会和亚洲都市景观奖颁奖礼，都成为了具有世界级品牌价值的盛会。从不沿边、不靠海的西部小省会，跃升为内陆开放的前沿阵地，从国家能源和优势农产品的“大后方”跃升为东西双向开放的重要承接地。目前，银川市以建设国家创新型试点城市为契机，通过打造国家能源化工基地、提升园区科技创新能力、引进国家大院大所和知名院校科技资源在银川市落地、建设银川市科技园（银川市 TMT 育成中心）、发展优势特色产业、推进沿黄城市带建设，推进知识产权试点建设等措施，着力构建西北地区创新资源核心区和人才技术汇集地，在城市创新战略实施方面取得了突破性进展。

（一）以政府引导推动引领创新发展

强化对新常态下速度换挡、结构调整、动力转换的规律性认识，积极应对经济下行压力，有针对性出台科技强市 15 条、工业强市 19 条、金融强市 18 条等政策措施，综合运用行政、财政、税收、金融等调控手段，设立“科技创新重点专项”，整合政府资金，集中发力，重点攻关制约企业和产业发展关键性技术瓶颈，调动企业开展技术攻关和成果转化积极性，提升企业技术研发能力和创新管理能力。着力优化发展布局，开辟滨河新区功能区，由单核突进向双核驱动转变。

（二）以高水平产业园区、科技园区建设推动创新

银川市目前建成运营的工业园区、开发区 8 个，其中国家级 4 个（宁东能源化工基地、银川市经济技术开发区、银川市高新技术产业开发区、灵武再生资源循环经济示范区），自治区级 2 个（银川市望远工业园、银川市德胜工业园），市县级 2 个（暖泉工业园、金凤工业集中区）。总规划开发面积 506078 亩，已开发面积 202219 亩，入园工业企业达到 773 家，2015 年底实现工业总产值 1593.53 亿元，实现利税 81.80 亿元。新建综合保税区、通航产业园和临港经济区，IBI 和 TMT 育成中心融合发展，银川市经济技术开发区等八大园区对 GDP 的贡献率达到了 40%，成为引领宁夏回族自治区转型升级的领头羊。

科技园建设方面，为破解制约银川市长远发展的科技人才问题，银川

市推进实施“人才特区”建设，按照宁夏回族自治区和银川市的部署，2014年10月银川市科技园正式启动运行。在“建设与运营并重，建设与见效并重”原则指导下，先后多次“走出去、请进来”，与一大批科研机构、高等院校开展了多层次科技合作与交流，引入各级各类科技资源服务银川市产业和企业，在陕甘宁毗邻地区科技创新资源聚集效应初显。

（三）坚定落实知识产权战略

银川市企业以生物发酵、生物制药、机械制造、优势特色农业、技术创新平台建设等为重点，在科技创新活动中产生了一大批专利技术，形成了一批国家知识产权优势企业、自治区知识产权示范企业和银川市知识产权试点企业。专利申请量从2011年的637件增长到2016年的3306件，专利授权量从312件增长到1255件，均占宁夏回族自治区的60%以上，初步形成“自治区知识产权高产区”。2016年底，银川市有效发明专利突破千件，达到1097件，万人发明专利拥有量增长到5.08件，部分区县如西夏区和金凤区万人发明专利拥有量超过10件，分别达到11.19件和10.20件。2012~1016年，发明专利和实用新型专利资助金额1000余万元，有效促进了银川市专利申请数量和质量双提升。2016年5月，银川市获批“国家专利质押融资试点城市”，以专利质押融资解决专利优势企业融资难、融资贵的问题，促进专利技术转化为现实生产力。

（四）以科技创新引领优势特色产业集聚

在产业布局上“稳一、优二、提三、育新”，规上工业中“两化融合”（信息化和工业化）企业占66.5%。农业领域大力发展“三精”农业带动转型，粮食生产“十三连丰”。工业领域依靠科技创新引领工业转型，现代纺织、先进装备制造等优势特色产业集群占规上工业增加值的88%。现代服务业带动转型，服务业增加值年均增长8%。通过调整结构转变方式，在壮大银川市优势特色产业、培育战略型新型产业的同时，以创新行动的成果支撑产业转型升级和可持续发展，促使银川市工业产业结构得以优化，逐步形成优势特色产业发展。

（五）坚持以创新驱动经济发展

通过组织实施一大批国家、自治区重大科技专项，显著提升科技创新在地区社会经济发展中的促进作用。取得了“精密高效数控珩磨机床的研究与开发”等科技创新成果和国家科技进步奖。现代纺织、先进装备制造等优势特色产业集群占规上工业增加值的88%。以舍弗勒轴承、小巨人机床、巨能机器人、银川市大河数控等为代表的先进装备制造业占据国际高端市场，智能制造水平居西北第二；以天通、佳晶蓝宝石和隆基硅为代表的新材料、新能源产业成为“世界单打冠军”；以伊品、泰瑞为代表的生物医药加速向“微笑曲线”两端攀升；以中银、恒天如意为代表的现代纺织崛起，带动轻工业上涨6.5个百分点。重大科技开发成绩可喜：大型铸钢、生物发酵、羊绒分梳等技术达到国内领先水平，百万千瓦超超临界蒸汽轮机球墨铸铁件的成功研制，打破了我国高效蒸汽轮机基础部件长期受制于发达国家的局面。攻克了一批重大关键技术：宁东基地煤基烯烃项目和甲醇制烯烃项目技术水平达到国际领先水平、干煤粉气化技术和甲醇制丙烯（MTP）失活问题研究达到国际领先水平，一期项目试车成功产出合格油品，对我国增强能源自主保障能力、推动煤炭清洁高效利用、促进民族地区发展具有重大意义；宁东特大型整装煤田高效开发利用及深加工关键技术获得国家科技进步二等奖；隆基硅3兆瓦单晶硅棒切片项目投产，使宁夏回族自治区拥有了首个光伏材料全产业链，提升了新兴能源产业竞争力。培育“双创”基地（空间）100个，共享装备进入国家首批“双创”示范基地。

三、银川市提升城市创新能力举措实施情况

2017 年 12 月，银川市进一步就“创新驱动、生态立市、脱贫富民”三大战略召开推进大会，部署相关工作落实。创新驱动战略三年行动计划将完善创新体制机制，培育创新载体和平台，壮大创新人才队伍。通过提升产业创新能力、发展“互联网+”等新业态、推进技术创新等近 30 项举措，实现到 2020 年银川市科技创新能力显著提高，科技进步对经济增长贡献率达到 60%以上；R&D（研究与开发）占 GDP 比重达到 3%；每万人发明专利拥有量达到 9 件；服务业增加值达到 50%；规模以上高新技术产业产值占工业总产值比重达到 15%；新兴产业占规上工业增加值的比重达到 30%；创新人才总量达到 33 万人；银川市科技型企业达到 1300 家；规模以上工业企业中拥有研发机构比例达到 50%以上。目前，银川市在城市创新能力提升方面主要采取以下几方面措施，并取得了一定成效。

（一）建设和拓展科技研发平台

围绕煤化工、新能源、新材料、医疗健康、农林、环境保护等产业，基于国家级、省部共建和自治区级重点实验室 20 家，以及装备制造、生物制药、羊绒纺织、新能源、电子信息等领域建有国家、自治区级工程技术研究中心 30 家，先后引入中科院、清华大学、中国农业大学、浙江大学等优势科技资源和人才团队，在银川市建设“中国科学院银川科技创新与产业育成中心”“国家科技成果转化服务（银川）示范基地”“首都科技条件平台银川合作站”“北京技术市场银川服务平台”“浙江大学银川技术转移中心”和“银川产业情报研究中心”等科技服务平台，为银川市乃至

宁夏回族自治区科技创新提供更为广泛的服务：先后在银川市征集各类科技需求项目 120 多个；促成中国科学院重庆绿色智能技术研究院与宁夏当地企业落成技术服务合同、10 家企业亟须解决的技术得以对接解决；与地方优势企业共建了“环境检测公共服务中心”等 7 个产业技术研发平台和公共技术服务平台，目前已有 4 个投入运行。此外，共建有 1 个国家级高新技术产业开发区，1 个国家级经济技术开发区及 8 个产业园区，1 个国家大学科技园和 2 个国家级科技企业孵化器，5 个自治区级科技型企业孵化器，2 个国家示范生产力促进中心，各类科技中介服务机构 280 余家，科技服务业从业人员 2.3 万人，2015 年科技服务业总产值达 14 亿元，年均增速达 10%以上。各类技术交易额从 16.33 亿元增加到 21.75 亿元，年均增长 15%。

（二）鼓励开放式科技资源共享

积极配合宁夏回族自治区科技厅采取联合共建等措施，深入推进大型科学仪器共享。通过大型科学仪器协作共用，缓解了银川市乃至宁夏回族自治区科技型中小企业设备短缺的问题。截至 2015 年底整合 66 家单位 1058 台（套）科学仪器，科学仪器总值超过 4.5 亿元。大型科学仪器对外共享率达到 80%、利用率达到 90%、开机 1180 小时年。银川市还将建设银川市科技创新中心，按照“1+6”（科技创新中心+科技金融服务中心、中阿知识产权交易中心、科技成果转移转化中心、科技企业孵化中心、科技创新成果展示中心、众创空间示范基地）模式，推动技术、资本、人才、服务等创新资源的优化配置与深度融合，推动科技创新成果产业化和资本化。

（三）重视创新主体培育

一方面，实施科技型企业培育工程，以科技创新、产业链创新为突破，着力加强现代纺织、智慧城市、新能源、新材料、现代装备制造、生物制药等产业领域的高新技术企业培育。截至 2016 年底，银川市高新技术企业达到 59 家，自治区级科技型中小企业达到 203 家，分别占宁夏回族自治区总数的 76.6%和 50.8%。银川市科技型企业不断壮大，集群化发展趋势明显，成为拉动 R&D 投入的主要力量。大型企业在工业科技活动中的主体地位凸显，2015 年银川市 448 家规模以上企业中 85 家企业有 R&D 投入，计 12.30 亿元，占全社会 R&D 投入的 70.45%。

另一方面，实施科技人才队伍培育计划。2010 年启动了工程硕士培养计划，制订下发了《银川市工程硕士培养工作实施方案》，通过人才培养计划，目前共培养工程硕士 174 人，截至 2016 年底，市财政累计发放学费补贴 138 万余元，为创新型城市建设提供强有力的科技人才支撑。

（四）增强科技金融服务功能

在国家科技金融战略框架下，积极推动科技创新与金融创新相结合，形成市场主导和政府推动高效结合，政府资金、信贷资金、产业基金、助贷资金、企业资金协同发力，促进科技创新环境不断优化，推进“大众创业、万众创新”，促进科技成果转移转化及产业化。设立了“银川市科技创新发展投资基金”，从 2016 年起连续 5 年在市财政预算资金中，每年安排 2 亿元设立银川市科技创新引导基金，通过引导基金撬动吸引社会资本投入，专项用于银川市各类企业科技创新项目。与自治区科技厅合作，实施宁夏中小微企业科技风险补偿资贷款（简称宁科贷），银川市注入资金 500 万元，支持科技型企业 32 个（次）项目、累计贷款资金 8830 万元，放大倍数 6.23 倍；实施“银川市科技研发贷款”，撬动银行放大 10 倍资金倍数，贷款额度达到 1 亿元，切实解决了部分企业研发投入缺资金、融资难、融资贵的问题；与宁夏股权托管交易中心合作，力争为银川市科技型中小企业量身打造区域股权“科技板”；在全国率先实行科技创新电子券；此外，在知识产权质押融资方面也进行了尝试。

四、银川市创新环境建设情况

银川市在体制机制改革、管理服务、营造创新氛围以及人才服务等方面做了大量工作，努力为城市创新发展创造良好的环境，提升城市创新能力。

（一）深化科技体制机制改革

围绕创新驱动发展战略，加快科技体制改革，加大简政放权力度，推进放管服，在实施科技创新项目后补助、重大科技专项、启动科技创新券并实行电子券、全力推进科技和金融结合方面着力推出一批有力度有特色的改革举措，在提升科技支撑经济社会发展水平的同时，推动科技部门政府职能从研发管理向创新服务转变，推动工作重心从项目管理向统筹科技规划、完善宏观调控和营造创新环境转变，推进科技与经济紧密结合，以企业为主体、市场为导向、产学研紧密结合的新型科技创新体系不断完善。

（二）落实科技创新考核责任制

2011 年以来，银川市将创新型城市工作的各项目标任务纳入银川市党政领导干部科技进步责任制考核，年初制定目标责任书，年底进行考核兑现奖惩，有效增强了各级领导干部抓科技工作的主动性和自觉性。通过以考促进，银川市辖 6 个县（市、区）全部通过了两轮全国县（市）科技进步考核，其中，2011 年西夏区、永宁县、灵武市被授予“全国科技进步考核先进县（市、区）”；2013 年金凤区、灵武市、永宁县被授予“全国科技进步考核先进县（市、区）”。2011 年、2013 年银川市连续两次成为宁夏回族自治区唯一通过国家科技进步考核的地级城市并被国家科技部评为“全国科技进步先进市”，科技进步整体水平提升明显。

（三）打造“两优”环境提升创新活力

着力打造“西部最优，比东部更优”政务环境高地，实施行政审批改革，率先在全国成立行政审批服务局，建成办事便捷的市民大厅。“放管服”改革走在全国前列，推行“一枚印章管审批，一个大厅办成事、一个平台全监管，一个号码优服务”审批服务模式，企业和群众办事效率提升86%。新增市场主体13.29万户，年均增长27%，新增非公企业3.7万家，占地区经济比重超过50%。着力打造“碧水蓝天，明媚银川”的城市名片，推动“美丽银川”向“美好银川”转变，“银川蓝”成为常态，舒朗、大气、清爽的城市风格更加清晰、特色更加鲜明。城市绿地率、绿化覆盖率和人均公园绿地面积分别达到40.99%、41.03%和16.57平方米，入选“中国最美丽城市”，荣获中国人居奖和亚洲都市景观奖。通过“两优”环境提升，形成“洼地”效应，吸引和聚焦高端产业和人才。

（四）举办各级大赛营造创新氛围

为促进银川市“大众创新”的形成，谋划建设“银川人才产业园”，运营1亿元的创意创新基金，以“大学生创意创新在银川”活动为载体，整合项目路演、项目孵化、初创投资、产业转化等功能于一体，通过导入人才流，吸引资金流，放大信息流，以人才驱动引领创新驱动，把“大学生创意创新在银川”活动办成助力银川市开放内涵式发展的创新平台。2017年1月，首届“大学生创意创新在银川”大赛落幕。为银川市筛选出了一批创新性强、前瞻性好的项目，引进了一批科技含量高、商业模式新的创新创业团队。其中，北京大学石墨烯制备、西北农林大学纳米乳、哈工大万洲焊接等数十个优秀项目获得了中阿（宁夏）国际技术转移有限公司等机构的青睐，在落地银川市的同时，有望通过中阿技术转移平台向阿拉伯国家转移技术成果。

（五）创新人才服务初见成效

2015 年，银川市整合人才办、外专局、人才交流中心、科技人才队伍建设等方面的职能，组建成立地方人才工作服务局。设立银川市人才服务大厅，组建成立中国西北人才金港、科锐国际猎头银川市工作站、银川市人才服务联盟、“中国银川欧洲（德国）人才工作站”、银川市人才工作协会、银川市人才网等 8 个服务平台，构建“政府引导、社会参与”的多层次人才服务格局。推行人才工作目标责任管理制，建立人才工作专项“联述联评”制度，将其纳入经济社会发展目标管理考核体系。建立人才工作项目常态化机制，围绕羊绒制品、发酵及生物制药、葡萄酒酿造、新能源、新材料等重点产业，引智借力推进科技项目建设。借助宁夏网虫、宁夏丝路通等平台在美国硅谷、北京中关村等地组建多个技术研发团队，实施银川市生物科技园产品研发、银川市经济技术开发区物联网智能化控制集成等一批技术攻坚项目。近几年，共引进两院院士 16 人，千人计划 9 人、万人计划 5 人、全国杰出专业技术人才 2 人。共挖掘、培育国家有突出贡献中青年专家、全国杰出专业技术人才等 20 余人，全国技术能手 19 人，国家重点学科、实验室、工程项目负责人 20 余人。

第二章　银川市城市创新景气指数研究

一、创新景气与创新景气指数

（一）创新景气概念

景气源自于经济景气，是对经济周期和商业周期涨跌起落的描述，它是指总体经济运行发展态势。作为对宏观经济发展状况的一种整体性的描述，是用以描绘和分析经济活跃程度的一种经济概念（李社环等，2003）。一种定义为经济景气是整体宏观经济处于上升发展趋势，表现出市场发展繁荣、购买销售两旺的景气运行状态。经济不景气是指总体经济处于下滑衰落的发展趋势，其中绝大部分经济活动处于半收缩或收缩状态，表现出市场疲软，经济效益收缩下降，很多企业难以为继、破产倒闭，失业人数增加等现象。另一种定义是将经济景气定义为经济活跃的程度或者经济活动的状态。因为经济活动发展水平具有收缩交替出现以及周期性扩张的特征，经济发展繁荣、衰落消退、萧条冷落、复苏转好四种状态循环往复。

根据经济景气得到创新景气的概念，指创新活动繁荣、上升、兴旺、发达的状态。而“不景气”则指创新活动萧条、下降、衰退、停滞的状态。创新景气可从两个方面表示创新活动的状态：一是创新活动繁荣上升状态和萧条下降状态的循环；二是指在较短时间段上创新活动状态情况，不包括循环概念（杨武等，2014）。由于存在着技术周期、产品周期、经济周期的共同影响，科技创新活动也存在着循环机理。科技创新景气循环即科技创新波动，是指某区域及其科技管理部门在组织引导科技创新部门完成其科技创新活动的过程中，从创新研发、创新产品生产、创新产品销售及产业化各方面所表现出来的规模和数量的不断上升与下降的循环往复运动，具有反复性、多样性、累积性、非对称性、不可分割性的特点，可分为宏观景气、中观景气和微观景气（杨武等，2015）。

（二）创新景气指数概念

景气指数是针对景气分析来构建的反映景气状态的综合量化指数。经济景气分析（Business Cycle Analysis）是指对经济发展变化的周期进行统计和分析的学术方法，是一个宏观的抽象概念，主要描述了一个经济体发展运行的总特态势（李社环，2003）。景气分析一般是利用时间序列数据判断经济运行处于周期中的哪一个阶段，并分析景气状况发生改变的原因所在，同时对经济发展的走向、下一轮波峰和波谷的时间点进行预测，从而评判经济政策的实际效果。经济运行的波动起伏、繁荣衰退都不是突然发生的，往往具有一定的征兆，这些征兆的具体表现是反映经济变动趋势的领先指标发生了变化。所以，短期内经济的景气程度可以根据领先指标以及一致性指标的变动情况进行分析：如果多数指标都表现出上扬的态势，说明经济正在回暖，经济景气时期也就不远了；如果多数指标表现出下调的态势，说明经济区域衰退，即将出现经济不景气的状况（宋佰谦，2003）。因此，可以构造出一种综合的指数来度量经济的景气程度，这种指数称为景气指数（范仕超，2015）。

创新景气指数，又称为创新景气度，是通过定量方法加工汇总，对科技创新活动的状态或发展趋势进行综合景气评价的指标。创新景气指数的波动表明该国（区域）科技创新活动在一定周期内呈现出的扩张、高峰、收缩、谷底循环周期。科技创新景气指数上升，说明该国家（区域）的科技创新活动活跃，处于扩张甚至高峰期；反之，说明科技创新活动不活跃，出现收缩甚至处于谷底期（杨武，2014）。

二、国内外研究综述

景气指数研究始于国外，自 19 世纪末期开始出现了对经济周期波动进行测定和预测的定量研究（陈乐一，2007）。

（一）国外景气指数研究回顾

国外景气指数的研究大致可概括为四个阶段。

第一阶段，19 世纪末至 20 世纪 50 年代。前期最具代表性的是“哈佛指数”，它用多个指标进行预测，但在经济大萧条时期未能做出正确的估计而归于失败。20 世纪 30~50 年代美国全国经济研究局（NBER）在经济学家 W. C. 米歇尔和 G. H. 穆尔的带领下，利用经济指标判断衰退节点的研究，用景气指标监测宏观经济周期的波动，结合经济变量的时滞探讨经济的波动问题。

第二阶段，20 世纪 50 年代至 80 年代末期。景气指数研究逐步走向成熟，建立了扩散指数和合成指数综合监测系统，并得到了广泛推广。80 年代末，斯托克（J. H. Stock）和沃森（Mark W. Watson）发现，景气循环总体经济活动的循环与反映多个总量经济指标的共同变动，认为这一共同变动背后存在着一个代表总的经济状态、单一的、不可观测的基本变量，这个不可观测的变量即为“斯托克-沃森（Stock-Watson）型景气指数”，简称“SW 景气指数”。SW 景气指数建立在严密的数学模型基础上，与 DI、CI 传统的景气循环测定方法相比有了很大的改善。但因为计算复杂，应用受到局限。

第三阶段，20 世纪 80 年代末至 90 年代末。经济景气分析方法的应用范围扩大，部分发展中国家加入研究领域，日本、新加坡、韩国、印度、巴西等国家和地区建立了经济景气监测预警系统，增长循环和增长率循环逐步取代了古典循环方法。

第四阶段，21 世纪以来。景气指数分析法理论研究不断深入，Stock，Watson（2002）引入系统化回归的方法，建立了先行指标和同步指标的综合模型，并论证了建模分析的可实施性。对合成指数、信息提取方法和多维分析方法的探索取得了较好成果，其中，直接滤波方法成功应用于瑞士的经济预警工作中，并在传统合成指数的基础上提出了基于模型的新分析框架。

总而言之，景气指数的研究在国外的发展趋于成熟，理论方法不断完善，对经济运行状态的预警和行业动态分析具有重要作用。

（二）国内景气指数研究回顾

20 世纪 90 年代后，我国对景气的研究得到较快的发展，主要集中在对宏观经济的分析与预测及具体行业的景气分析等方面。其中，董文泉（1994）首次开展了我国经济周期的波动测定、分析和预测工作，编制了宏观经济增长率周期波动的先行、一致和滞后扩散指数和合成指数。陈磊、高铁梅（1993）利用状态空间模型和卡尔曼滤波建立了由多个经济变量去掉趋势变动后合成的“SW 景气指数”，这是我国首次用“SW 景气指数”对宏观经济形势进行分析和预测（董文泉等，1995）。此后，国家信息中心开发研制了中国宏观经济景气指数，此景气指数由先行合成指数、一致合成指数和滞后合成指数 3 种指数构成，结合时差相关分析和 K-L 信息量方法建立了我国行业增长率波动的景气指数，是首次对行业增长率的波动指数进行研究，并对我国汽车、煤炭、钢铁、房地产等行业进行分析和预测（陈迪红等，2003）。赖福平（2005）编制了 DI 指数、CI 指数和预警系统，定量分析我国工业企业的经济运行状况（高铁梅等，2004）；也有学者详细分析了经济周期波动的转折点，并对经济周期和经济波动的判别标准做了区分（刘伟林等，2006）。虽然近年来对经济景气指数的研究和应用不断深入，但大都是之前研究成果在行业间的扩展，方法上并没有实质性的改善（张炜等，2015）。

（三）创新景气指数应用概况

国内外关于创新指数的研究，主要从建立创新指数体系出发。国外研究发布的创新指数有“欧盟创新指数”“国家创新能力指数”“知识竞争力指数”“全球创新指数”“硅谷指数”等。

2001 年欧盟委员会发布的《欧盟创新记分板》（European Innovation Scoreboard），对欧盟各国的创新绩效进行定量分析，比较欧盟成员国的创新优劣势。欧盟创新指数是依托欧盟创新记分板建立，从驱动力、机构活力、产出三个方面衡量欧盟各国综合表现，并与美国、日本进行对比。

费曼、波特和斯特恩在 2002 年联合发表了文章《国家创新能力的决定因素》，在思想驱动增长理论、国家竞争优势模型和国家创新体系等理论的基础上界定了国家创新能力的内涵，并建立了国家创新能力构成要素相互关系的一般数学模型。该研究认为，国家创新能力指标体系包括创新产出、公共创新基础设施质量、特定产业集群创新环境、创新联系质量以及与创新产出相关的因素共 20 个指标。弗里曼依据此指标对 1973~1995 年 OECD17 个成员国的创新表现进行计算，得到各年度的国家创新能力指数。

自2002年起，英国罗伯特·哈金斯协会开始发布《全球知识竞争力指数》，提出评价以全球主要城市为中心的地区知识竞争力的理论框架和模型，选择全球主要都市（圈）为评估对象，测定这些区域的知识竞争力指数并据此排名。

全球创新指数项目由欧洲工商管理学院于2007年发起，旨在寻找更好的衡量社会创新能力的方法。经济体的总创新指数以创新投入和创新产出这两个次级指数计算，创新投入包括机构、人力资本与研究、基础设施、市场成熟度和企业成熟度5个方面；创新产出分为知识与技术产出和创意产出。

硅谷指数1995年首次发布，由硅谷联合投资（Joint Venture Silicon Valley）编制，“讲述硅谷地区的发展状况，反映硅谷的经济实力与社区发展情况，突出挑战，从而为领导层和决策者提供分析基础”。硅谷指数的评价指标体系从人口、经济、社会、环境、治理5个方面研究每年的硅谷发展情况（崔维军等，2009；Furman J. L. 等，2003；周霞等，2008；Joint Venture Silicon Valle，2015）。

国内知名创新指数中，由中国科学技术发展战略研究院2006年开始发布的国家创新指数是反映国家综合创新能力的重要指标，以研发经费投入之和占全球总量97%的40个科技创新活动活跃的国家为研究对象，从创新资源、知识创造、企业创新、创新绩效、创新环境5个方面比较分析。

中国创新指数由国家统计局发布，从创新环境指数、创新投入指数、创新产出指数、创新成效指数4个分指数及总指数测算我国创新能力（贾楠等，2014）。

中国城市发展研究会发布的《中国城市创新能力科学评价》，建立了一套具有中国特色的城市创新能力评价体系，从创新基础与支撑能力、技术产业化能力和品牌创新能力3个维度对我国副省级以上城市、地级市、县级市三类城市进行了三项能力单独测评和综合测评分析（中国城市发展研究会，2014）。

中关村指数、张江指数、杭州指数分别对各年度北京高新技术产业发展、上海科教兴市、杭州创新发展情况进行反映（周天勇，2015；王兆华，2008；杭州市科技局，2008）：

中关村指数从创新环境、创新能力、产业发展、企业成长、辐射带动、国际化 6 个方面对北京高技术产业的发展进行分析。中关村指数的构建有利于分析影响北京市高新技术产业发展的主要因素，监控不同领域的发展变化情况，有利于及时、全面地掌握北京市内高新技术企业的发展趋势。

张江创新指数是上海科教兴市指标体系的十大核心指标之一。张江指数从创新环境、创新主体、创新人才、创新投入、创新成果和创新水平 6 个方面定量测算原始创新、集成创新和二次创新能力等自主创新综合能力。张江指数能综合反映张江园区的创新能力和水平，为科学评价园区的自主创新能力提供依据，并为园区未来的可持续发展指明方向。

杭州创新指数由杭州市科技局和杭州市科技信息研究院编制，从创新基础、创新环境和创新绩效 3 个方面反映杭州市创新发展的现状、水平与层次。

三、创新系统影响因素分析

创新的发展受到创新系统内外各种因素的影响，国内外学者分别从国家、区域层面等对创新影响因素及影响机制展开了研究，其中区域层面的研究包含各种有共同特点的特定区域及对城市创新的研究。

国家层面上，国外学者 Furman 等（2002）在研究国家创新系统时，通过对 17 个 OECD 国家 24 年的统计数据进行分析之后认为创新能力的影响因素可归纳为三个方面，分别是创新基础设施、基于产业集群的微观创新环境以及产业集群与创新基础设施的联系。在 Furman 研究基础之上，Mei-Chih Hu 等（2005）对东亚四小龙（韩国、中国台湾、中国香港和新加坡）技术赶超国和地区进行了实证研究，得出了基本类似的结论，与前人研究不同的是，他们在模型中加入了“公共 R&D 支出”的因素，实证结果肯定了政府和公共研发机构对技术后发国创新能力的重要影响。2009 年出版的《牛津创新手册》中指出，国家之间创新能力的差异，是由于 R&D 人力、经费投入、知识产权的保护力度、国际贸易开放度、私人部门 R&D 活动的比例、技术产业化程度和国家的知识存量等因素的差异决定。Natario 等（2011）通过对欧洲国家创新影响因素的分析认为，政府机构效率、社会文化价值观念和创新组织机构是影响国家创新效率的主要因素。

对于国家创新影响因素，国内学者的研究主要有郭淡泊等（2012）通过对全球 39 个国家和地区的创新效率进行比较分析，对国家创新效率的影响因素进行分析，指出发达国家和发展中国家影响因素有很大不同。张杨等（2015）对金砖国家创新能力进行分析，证实一个国家的知识产权保护程度、专利存量、研发补贴水平、信息技术资本等均对国家的创新效率提升有显著的正向促进作用，科技与生活质量（STL）及科技重要性（STI）的认知对于提升国家的创新效率有显著的推动作用。有学者对中国创新影响因素进行了研究，魏守华（2008）对 Furman 的国家创新能力分析框架进行了扩展，突出了影响因素中国际技术溢出的吸收能力，指出国家创新能力包括四方面影响因素：创新基础设施、产业集群创新环境、科研与产业部门联系的质量、国际技术的吸收能力。李盛竹等（2016）对中国创新能力影响因素进行仿真模拟，验证分析了国家政策（税收政策、知识产权保护政策）、科技人员投入（科技人员总量、企业科技人员）、经费投入（国家财政性科技经费、企业研发经费）3 个因素对创新的影响。

区域层面上的创新影响因素，国内学者研究更多，根据研究方式可以分为两类。一类是通过多个区域进行对比分析得出影响区域的影响因素，如李习保（2007）、李婧（2009）、陈晶（2011）、谭俊涛（2016）等学者均以我国省份作为分析区域，分别通过随机前沿法、投入产出方法、GIS分析技术等对国内省份创新因素的研究对比得出影响创新的重要因素。倪鹏飞等（2011）基于全球436个城市数据对城市创新系统中的变量作用分析及影响机制进行研究，最终得出创新主体、资源禀赋、市场环境、内部平台、全球联系、公共制度6方面均对城市科技创新能力有着直接或者间接的影响。郑琼洁（2011）基于东北亚155个城市的统计数据，通过结构化方程模型对影响东北亚城市科技创新能力的政府管理、文化环境和经济环境三大要素进行了探讨，认为经济环境是影响科技创新最主要的因素，而政府管理也是影响科技创新的主要原因。王俊松（2017）选取我国地级市进行城市技术创新空间特征和影响因素分析，分析认为政府支持、高等教育资源、创新投入、经济外向度、工业基础是影响城市技术创新能力的重要因素。也有学者根据区域特点对特定区域进行研究分析，得到分析区域的创新影响因素，英国牛津布鲁克斯大学的 James Simmie 教授等（2002）从经济地理与集聚经济的角度在对斯图加特、米兰、阿姆斯特丹、巴黎和伦敦5个典型的欧洲城市进行实证研究中得出结论，认为城市创新主要源于企业积聚程度、产业集聚程度、科学家集中度、专业知识和技术以及对外交流程度5个要素；Patrick Rondé 和 Caroline Hussler（2005）对法国区域创新体系进行了实证研究，结果表明高水平的劳动力和大学资源是区域创新体系创建的必要条件。国内学者如吴先慧（2011）、颜莉（2011）、刘丽辉（2012）、张丽琨（2014）分别对深圳、武汉、广东、上海的区域创新影响因素进行分析，不同区域影响因素有较大区别，相同因素对不同地区创新的影响程度也不相同。

（一）资源投入因素

诺斯认为，创新投入与自主创新存在长期稳定性与均衡关系（左建龙，1994）。可以用生产函数形式来说明创新，一般生产函数可以表示为 Y = f(K，L)，资本 K 和劳动力 L 决定了一个地区产出的多少，因此，在创新活动中资源投入是决定一个地区创新产出的重要因素，是城市进行创新的基础。创新的资源投入主要是资金方面的投入和人员方面的投入。

1. 资金投入

在创新活动中，一个地区的 R&D 经费投入越多，科研规模越大，所产出的创新成果就越多。陈春晖等（2009）实证证明了科技资金投入对中国自主创新产出的影响，认为科技资金投入是自主创新的重要决定因素。柳卸林和胡志坚（2002）研究发现，具有一定原始资本积累，且融资渠道较多成本不高特点的地区，创新投入是区域发展的决定因素。创新资金的来源主要有政府、企业和高校、科研机构，主要用于企业、高校、科研机构的直接知识创造和科研项目活动及研究人员经费等支出。由于企业、高校、科研机构的科研目标、活动形式、运行方式等不同，因此不同组织在技术学习能力、从事创新活动的效率也有所差异。因此，政府、企业及高校科研机构在资金投入方面的比例及在科研活动中参与的强度不同都会对创新活动产生不同的影响。此外，科技创新需要知识的积累和人才的培育，对教育事业的投入决定了知识和人才的储备，从而影响创新活动，因此在资金投入方面，本书将教育投入也纳入考虑（Mowery D. C.等，2005）。

综上所述，本书选取 6 个方面作为创新资金投入方面的影响因素，如表 2-1 所示。

表 2-1　资金投入因素

影响因素	含义
研究开发经费投入	城市对各种科技创新活动的所有经费投入
政府创新资金投入	政府对科技创新活动的资金投入，政府财政中的科技支出
企业创新资金投入	企业对科技创新活动的资金投入，企业的研究开发支出
科技项目经费投入	城市科技项目研发所得到的资金投入支持

续表

影响因素	含义
基础研究人员经费投入	从事创新研究的基础研究人员所得到的资金投入支持
教育经费投入	城市教育事业所得到的资金投入支持

2. 人力资源

Romer（1990）认为新知识的产生依赖于人力资源，因而经济增长与技术创新应该是一个关于经过专门训练的科学家、工程师以及发明家数量的方程。德鲁克（2008）认为，区域发展的动力在于企业的管理者，企业管理者将企业进行的技术创新和高校机构进行的理论创新相结合，从而驱动区域发展。技术创新及转化是一个复杂的过程，需要专门的研究人员不断进行知识积累和创造，并需要关键人才进行重大突破，才能带动学科或者产业的突破性发展。城市创新需要持续充足的创新型人才，保证城市创新活动的延续和创新能力的不断提升。在创新人力资源充足的城市中，一方面，企业及高校科研机构等可以充分选择合适的科技创新人才进行创新研究；另一方面，创新人才之间的技术交流和学习机会增加，从而增强人才创新能力，进一步促进城市创新发展（李楠等，2016）。除了专门的创新性人才之外，劳动者素质对城市创新能力也具有重要影响。特别是高技术产业中，劳动者的素质影响自身所掌握的知识技能及运用能力，从而影响劳动者的创造能力。在校学生是创新人才和高素质劳动者的储备力量，城市中学生数量和比例结构都是创新人力投入的影响因素（章立军等，2006）。

综上所述，在人力资源投入方面选取以下 7 个方面，如表 2-2 所示。

表 2-2 人力资源因素

影响因素	含义
研究开发人员	城市所有从事研究开发工作的人员数
企业研究开发人员	在企业员工中从事企业研究开发工作的员工数
高技术产业从业人员	从事高技术产业的员工数

续表

影响因素	含义
高技术产业科研人员	在高技术产业从业人员中从事科技研究工作的人员数
高校学生数	城市所有高校中的在读学生数
在校大学生数	城市中在读的大学生数
在校研究生数	城市中在读的研究生数

（二）创新环境因素

城市创新活动所处的环境是影响城市创新的重要制约因素，是城市创新实施的背景和条件，对城市创新过程和产出结果有直接影响。创新环境包括各种影响创新的直接或间接因素，欧洲创新研究小组（GREMI，1997）定义创新环境为“在有限的地理范围内，创新主体通过相互之间的协同作用和集体学习过程，形成的非正式的、有助于提高本地创新能力和效率的复杂社会关系”。城市创新环境为城市中创新活动的开展提供了空间和条件，所包含的主要因素有城市经济社会环境、创新载体环境、基础设施环境以及生态环境四方面。

1. 经济社会环境

熊彼特创新理论将创新解释为经济和技术紧密结合的活动，创新活动是推动经济发展和社会进步的巨大动力。而反过来，经济社会发展也是创新活动的动力因素，经济社会发展为创新提供了必须的环境支持。Lucas（1988）、Romer（1990）及 Nelson（1993）等提出的新增长理论，将科技进步定义为区域经济系统的内生变量，认为区域经济增长对其内部科技进步有推动作用。创新过程需要大量人力、物力，随着创新持续的进步，所需要的投入会更加巨大和复杂，而经济社会环境状况良好的城市能够更好地提供创新要素，支持创新活动的开展。经济社会的发展也会带动创新要素的发展，如吸引高技术产业投资，吸引更多的高技术人才聚集，推动教育事业发展提供更好的人才等。城市的经济社会环境可以从经济发展、消费、收入、支出、城镇化水平等方面进行衡量，银川市特有的民族性的社会环境可以从少数民族人口方面进行衡量（项国明，2009；Lall S.，1992）。

城市中产业结构的变迁对城市创新也具有一定影响。由于不同行业的知识基础、投资要求以及创新过程存在差异，工业结构影响和决定创新绩效。一般来说，处于生命周期前期的产业能够具有更多的创新机会，产出的创新成果更多，创新效率更高，处于生命周期后期的产业创新相对较少。对产业结构的衡量，大多文献采用三次产业增加值占 GDP 的比重表示，西部有很大部分城市是资源型城市，资源型产业在城市产业结构中占据重要位置，对创新造成的影响不容忽视，因此衡量银川市产业结构时将资源型产业所占比重也纳入考虑（Malerba，2005；虞晓芬等，2005）。

经济社会环境影响包含因素如表 2-3 所示。

表 2-3 经济社会环境因素

影响因素	含义
经济发展水平	城市经济发展总体水平
社会消费水平	城市社会消费水平
居民收入情况	居民的收入状况
居民消费支出情况	居民可以用于消费的支出
城镇化水平	城市实现城镇化程度
少数民族比例	人口中少数民族人口数量
第一产业发展	第一产业产值在总产值中所占比重
第二产业发展	第二产业产值在总产值中所占比重
第三产业发展	第三产业产值在总产值中所占比重
资源型产业发展	资源型产业产值在总产值中所占比重

2. 创新载体环境

创新的载体指聚集为科技创新提供服务的公共服务平台、各类专业技术服务平台和科研机构、企业研发中心、工程技术中心等研发机构的载体，如同城市基础设施是城市建设发展的基础，创新载体是城市科技创新的重要基础。高校和科研机构是发现和创造、传播和扩散新知识并培养创新人才的重要创新载体，很多城市在创新发展初期，创新技术的发展首先从大学及科研机构开始，高校和科研机构为企业提供新技术，推动技术产业化，驱动企业的发展。熊彼特强调推动创新的决定力量在于逐利动机下的企业家精神，企业作为创新活动的主体对城市科技创新能力的提升起着决定作用，高技术企业及企业内部的科技研发机构也是创新的重要载体。

城市中创新载体之间的交往和联系对创新具有重要作用，高校、科研机构、企业等组织之间的聚集、交流和学习对创新活动有着明显的影响，因此许多国家和地区都采用产学研合作模式促进区域创新。一方面，组织之间的相互联系将带动城市内部创新知识的流动，促进创新成果进行转化；另一方面，不同机构的创新活动对其他机构也有溢出效应，可以带动其他创新活动的进行，具有示范效果。

因此，创新载体方面的影响因素包含载体本身和载体之间联系两方面的因素，具体因素如表 2-4 所示。

表 2-4　创新载体因素

影响因素	含义
科技研发机构	科技研发机构建设情况
高等院校数	高等院校建设情况
企业科技研发机构	企业中科技研发机构建设情况
有创新活动的企业	开展创新活动的企业数量
高技术企业数	高技术企业发展状况
科技企业孵化器	城市科技企业孵化器建设情况
重点实验室和工程研究中心	城市重点实验室和工程研究中心建设情况
产业集群情况	城市产业集群发展情况
产学研合作情况	企业、学校及研发机构合作情况

3. 基础设施环境

基础设施是一个国家或地区创新体系中各种要素流动的载体，基础设施建设良好的城市，城市内部交通便利，信息交流顺畅，创新活动开展的成本越低。一个基础设施完善的城市也有利于聚集高层次科技人才，企业有更好的条件利用新技术开发新的产品。通常城市基础设施包括信息水平与交通物流两个方面，因此选用互联网发展情况、城市道路建设情况、公共交通发展情况、城市货运情况和城市客运情况分析基础设施环境对城市创新的影响。

表 2–5 基础设施环境因素

影响因素	含义
互联网发展	城市中互联网应用和发展情况
城市道路建设	城市中道路建设情况
公共交通	公共交通设施的发展
货运情况	公路、铁路、民航货运周转情况
客运情况	公路、铁路、民航客运周转情况

4. 生态环境

多年来，粗放型的经济增长方式对我国很多地区的生态环境造成了破坏，许多城市的经济快速增长是以高耗能、高污染为代价的，特别是银川市，很多以资源型产业为主导产业，严重透支了资源和环境。转变经济方式，实现可持续发展成为新的共识，而经济增长的转变依赖技术创新。因此，城市生态环境对创新具有一定作用：一方面，生态环境恶劣会驱动技术创新转变发展方式，改善环境状况；另一方面，良好的生态环境也有助于吸引人才，促进城市创新发展。城市创新环境的影响主要从废气排放、废水排放、污染物处理和环境建设四个方面进行分析。

（三）政府作用因素

在城市发展过程中，政府的作用是不言而喻的。一方面，政府通过科技经费拨款或基金、研发资助等方式对城市创新活动进行直接支持；另一方面，政府是城市创新政策的制定者，制定财政、产业、税收、技术、人才等各方面与创新相关的政策，引导资源配置，支持创新活动。银川市创新发展相对落后，在创新发展过程中政府作用更加明显，政府进行资金投入的直接支持在资源投入因素方面进行了反映，在此着重分析政府政策及对企业的研发激励影响。

1. 创新政策

城市创新政策包括人才、产业、产权等方面，这些创新政策的落实对城市创新活动有重要影响。

吸收和培养人才政策。分析城市创新中人才在人力资源投入因素中的作用，城市人才政策的制定和实施效果直接关系到城市人才素质的高低和人才数量的多少，对城市创新的发展具有重要影响。

知识产权保护力度。知识产权是科技、文化达到一定高度的必然要求，知识创造者需要政府的保护来从创新中获利，可以有效刺激创新发展。宋河发等（2006）研究发现，知识产权保护在对知识的创新、引进、扩散和应用方面均具有显著的正向关系，有助于自主创新绩效的提升。田力普（2006）认为，知识产权对自主创新具有明显的支撑作用，不仅可以激发创新主体的积极性，还可以推进自主创新的市场化进程。

优先发展产业支持政策。政府部门决定优先发展的产业往往是低耗能、低污染、科学技术含量较高的产业，这些产业的发展通常以创新为基础进行发展，产业发展能够提升城市整体创新能力。产业支持政策也能够激励产业内部的企业创新，余明桂（2006）从企业的角度证明了产业政策能显著提高被鼓励行业中企业的技术创新，尤其是民营企业的技术创新。

高技术产业扶持政策。高技术产业的发展水平是衡量城市创新水平的标志之一，通过制定扶持政策促进高技术产业发展对城市创新发展有重要作用。

知识园区或高技术产业园区建设和管理。知识园区或者高技术产业园区的建设和管理有利于形成聚集效应、构建产学研合作模式、增强创新知识的交流和学习。

2. 创新激励

企业作为城市创新中最重要的主体，企业的创新是城市创新体系的重要组成部分。大部分学者认为，企业创新激励政策如研发税收优惠、设备支持等政策对企业创新有积极作用。本书选取银川市主要的企业激励政策进行影响分析，主要有企业研发费用优惠，企业研发活动设备加速折旧政策，企业科技开发用品税收优惠和企业技术转让开发税收优惠。

（四）创新产出因素

创新产出能够最直接地反映城市创新的发展情况，创新产出分为直接产出的创新成果和由创新成果转化而引起的经济社会发展两方面。

1. 创新成果产出

创新成果的体现方式有科技论文、专利、科技项目、科技奖项、新产品等方面，通过一定方式可以转化为生产力，反映了一个地区的创新能力和科学技术影响。创新成果影响选取以下因素进行分析，如表 2–6 所示。

表 2–6 创新成果因素

影响因素	含义
科技论文	科技论文产出情况
专利申请	提交申请的专利数量
专利授权	获得授权的专利数量
发明专利	发明专利获得授权情况

续表

影响因素	含义
科技活动项目	本市科技活动项目数量
企业商标	企业商标拥有情况
技术市场成交额	技术市场成交额
自主创新产品	创新产生的新产品
科技获奖	科技奖获得情况

2. 经济社会发展

城市创新除了进行直接的创新成果产出以外，重要的是将创新成果进行转化，转变成为能够生产和利用的创新产品，从而发挥创新的经济社会效应。创新成果的价值性对城市创新的循环发展有非常重要的作用。创新产品所带来的经济效应可以从新产品产业、高技术产业产值及文化创意产品产值三方面反映；能源消耗情况可以反映创新带来的能源利用效率的影响；科技进步贡献率可从总体上反映科技进步对于经济增长的作用。

四、银川市创新景气指标体系构建

（一）指标选取原则

景气指数分析法是以建立合理的景气指标体系为基础的，这一体系中指标可以从不同方面反映地区创新活动的发展变化，统计指标的变化也是创新总体变化测度的结果，统计指标的选取对于测定创新景气的变化至关重要。创新景气的变化或者波动不是孤立的，创新活动之间相互联系又相互制约，因此，在选择指标的过程中不仅考虑指标的代表性、完备性，也要考虑指标间的相互关系等因素（刘恒等，2003）。归结起来，在景气指标筛选时，主要遵循以下原则：

1. 全面性原则

城市创新活动受创新投入、产出、环境各方面要素共同作用影响，城市创新景气状态的指标要能够对创新活动各方面进行反映，并能正确判断和分析，全面性的代表创新活动情况。只有这样，景气指标的分析才能得出正确结论。

2. 代表性原则

反映创新活动的指标种类繁多，创新活动的不同方面有多种指标的选择进行反映，指标所侧重反映的内容也有很大不同，指标之间也常常出现信息重叠、互相替代的现象。因此，在进行指标选择时，要有选择地纳入，选择代表性比较强的指标，避免指标体系过于庞大以及过多重复。

3. 可操作性原则

在景气指数分析时，对于数据长度及时效性要求较高，因此在选择创新景气指标时，在理论分析的基础上要结合各个城市的现实统计状况分析来获取的指标数据，确定数据可以掌握。只有这样，才能进行景气指数的下一步测量计算和进一步的分析研究。

4. 稳定性原则

稳定性原则是指所选择指标的变化规律能够较稳定地反映创新景气的波动规律。排除容易受到不规则因素干扰的指标，减少异常波动，这样能够保持创新景气分析的准确性和便利性。

5. 一致性原则

指标体系的构建目的是为反映创新景气状态，因此指标的选取要与创新景气波动的变化规律保持一致：一方面是时间上的一致性，在时间上要有一定的规律性；另一方面是指标和景气的发展轨迹要有一致性，景气波动变化在指标上要有相应的波动变化。

（二）初选指标

在构建创新指数及技术创新评价指标体系时，国内外专家学者从不同的角度、不同的分类方法选取的指标也不尽相同。对银川市创新景气指标进行筛选时，结合前文创新活动影响因素的分析，从创新投入、创新产出、创新环境三个方面的所有影响因素，调研了大量文献并多次征求专家意见进行指标确定。专家是指从事创新理论研究、具有渊博的创新理论知识的科研人员，或者从事创新活动、具有丰富的技术创新实践经验的研发人员，或者从事创新管理、熟悉创新活动的管理人员。最终结合文献资料、专家意见及前文对银川市创新的理论分析筛选出了50个指标，初步构建出银川市创新景气指标体系。

表2-7　银川市城市创新景气指标体系初步构建

一级指标	二级指标	三级指标	参考文献
创新投入	资金投入	研发经费内部投入占GDP比重	国家统计局、中国科学技术发展战略研究院、杭州市科技局、田红娜等
		财政科技支出占财政总支出比重	中国科学技术发展战略研究院、杭州市科技局、崔维军等
		企业研发投入占工业产值比重	中国科学技术发展战略研究院、田红娜、袁志红等
		科技项目费用投入占GDP比重	周天勇、张景安等
		企业技术引进经费支出占工业产值比重	中国科技发展战略研究小组，中国科学院大学中国创新创业管理研究中心
		教育经费支出占财政总支出比重	杭州市科技局、崔维军、周天勇等
	人力资源投入	每万人研发全时人员当量	国家统计局、颜莉、袁志红等
		企业科技研发人员全时当量	杭州市科技局、田红娜、周天勇等
		高技术产业从业人员占总就业人员比重	周天勇、中国科技发展战略研究小组等
		每万人高校在校生数	杭州市科技局、崔维军、田红娜等
		大学生占高校学生比重	杭州市科技局、崔维军、田红娜等
		在校研究生占高校学生比重	崔维军、田红娜等（2010）

续表

一级指标	二级指标	三级指标	参考文献
创新环境	经济社会环境	人均 GDP	国家统计局、中国科学技术发展战略研究院、杭州市科技局等
		社会消费品零售总额	中国科学技术发展战略研究院、颜莉、田红娜（2010）等
		居民人均可支配收入	颜莉（2012）、田红娜（2010）
		居民人均消费支出	田红娜（2010）、中国科技发展战略研究小组等
		第一产业占 GDP 比重	田红娜（2010）、中国科技发展战略研究小组等（2015）
		第二产业占 GDP 比重	田红娜（2010）、中国科技发展战略研究小组等（2015）
		第三产业占 GDP 比重	周天勇（2015）
		资源型产业占工业产值比重	自定义指标
		城镇化水平	自定义指标
		进出口贸易总额	自定义指标
		少数民族人口比重	自定义指标
	创新载体	科研机构数	颜莉（2012）、田红娜（2010）
		高等院校数	田红娜（2010）
		有科技机构的企业所占比重	国家统计局、崔维军（2009）、颜莉等（2012）
		有创新活动的企业所占比重	国家统计局、崔维军（2009）、颜莉等（2012）
		国家级、省部级研究中心、技术中心、实验室数量	中国科学技术发展战略研究院（2014）、杭州市科技局、崔维军（2009）等
		高技术企业占企业总数比重	中国科学技术发展战略研究院（2014）、杭州市科技局、颜莉等（2014）
		产学研合作	国家统计局、中国科学技术发展战略研究院（2014）、中国科技发展战略研究小组（2015）等
	基础设施环境	邮电业务总量	周天勇（2015）、中国科技发展战略研究小组（2015）等
		互联网用户数量	中国科学技术发展战略研究院（2014）、颜莉（2012）、田红娜（2010）等
		人均拥有城市道路面积	颜莉（2012）
		每万人拥有公交车辆	田红娜等（2010）

续表

一级指标	二级指标	三级指标	参考文献
创新环境	基础设施环境	货运周转量	田红娜等（2010）
		客运周转量	田红娜等（2010）
		废气排放强度	周天勇（2015）、田红娜等（2010）
		废水排放强度	杭州市科技局、周天勇（2015）、田红娜等（2010）
		人均公园绿地面积	杭州市科技局、周天勇（2015）、田红娜等（2010）
		污水处理率	周天勇（2015）、中国科技发展战略研究小组（2015）等
创新产出	创新成果	科技论文数	国家统计局、中国科学技术发展战略研究院（2014）、崔维军（2009）等
		专利申请数	中国科学技术发展战略研究院（2014）、崔维军（2009）、周天勇（2015）等
		专利授权数	国家统计局、中国科学技术发展战略研究院（2014）、杭州市科技局等
		专利授权中发明专利比重	中国科学技术发展战略研究院（2014）、杭州市科技局、颜莉（2012）等
		科技活动项目数	张景安（2011）、中国科技发展战略研究小组（2015）等
		获得科技奖项数	杭州市科技局、袁志红（2012）等
	经济效应	新产品产值占总产值比重	国家统计局、国科学技术发展战略研究院（2014）、杭州市科技局等
		高技术产业产值占 GDP 比重	国家统计局（2009）等
		工业产值能耗	国际统计局、中国科学技术发展战略研究院（2014）、杭州市科技局（2013）等
		技术成交合同额	国家统计局、崔维军（2009）、颜莉（2012）等

五、指标动态分类与指数模型构建

（一）指标动态分类概念

1. 基准循环（景气循环）

经济景气循环是指由于经济变化的不稳定而形成的以景气形式表现的经济扩张期与经济收缩期的循环往复运动现象。严格地讲，景气循环只是利用景气形式描述循环的一种形式，因此在经济之外，可以用景气循环表示其他活动的循环往复的运行状态。在景气循环中，所谓景气循环的转折点是指每一个景气循环周期内景气方向变化的转折点，即景气值的最高点和最低点。对于最高点，我们称之为“峰”点，简称为峰；对于最低点，我们称之为“谷”点，简称为谷（王小突等，1998）。

在对时间序列数据波动情况进行分析时，根据分析的侧重点不同，采用的循环方式也不同，主要有古典循环、增长循环和增长率循环三种（石良平，1992）。古典循环是观察时间序列其绝对水平本身的波动，包含时间序列的长期及循环因素的波动。如果这种波动具有规律性，则认为存在景气循环。古典循环是最早出现的循环，目前美国商务部发布的景气指数仍然采用古典循环概念。增长循环是观察时间序列相对水平的波动。在古典循环中，将时间序列的趋势要素和循环要素视为一体，而在增长循环中把两种要素分离，只把循环要素看成景气波动。在测度、反映和分析周期波动过程中，使用指标的标准离差进行测量。OECD 于 1978 年开始基于增长循环概念，利用景气分析的手法对其成员国的经济周期波动进行研究并开发了各成员国除去趋势的景气指数，确定了各成员国经济周期波动的基准日期。但这一循环过分地依赖趋势的估计结果，如果趋势估计不同，则景气的振幅、转折点、扩张与收缩期间就随之而变化。增长率循环主要是观察时间序列的增长率的波动，即分析时间序列的数据与上年同期的变化率，如果增长率波动具有某种规律性，则认为存在景气周期波动，称为增长率循环。

2. 基准指标

景气动向是由景气指数体系通过有关创新的变量相互之间的时差关系反映的，景气指数体系的建立过程中，被选中的能够反映城市创新状况的重要指标被称为基准循环指标或基准指标。基准指标的选取必须能够较为全面地反映城市的科技创新信息，由于多年来专利标准客观，修改次数不频繁，专利的申请和授权受到专利法的保护，专利数据易获取，专利数量能够较好地衡量科技创新活动，因此国内外学者大多选择专利数量反映城市创新。考虑专利授权审核时间具有一定延迟性，因此本研究选择正在申请的专利数量作为基准指标来衡量景气状态及其他指标时间序列先后顺序的尺度（Archibugi D. 等，1998；Crescenzi R. 等，2012；Jaffe A. B. 等，1993；李国平等，2012；杨武等，2014）。

3. 动态指标类型

反映城市创新景气状态的指标既有内容上的不同也存在时间上的差别，从创新景气变动情况与指标所获得结果的时间顺序看，通常分为三种情况。第一种情况是指标在创新活动变动前就表现出变动征兆，比实际活动结果超前一些；第二种情况是指标变动与创新活动变动大体同步；第三种情况是指标变动落后于创新活动的变动，创新景气变动一段时间后指标才表现出类似特征。因此，按照景气指标反映技术创新发展的先后顺序将景气指标划分为先行指标、一致指标与滞后指标。

（1）先行指标。先行指标是指相对于城市创新景气波动，这类指标的波动在时间上领先，即指标扩张收缩、跌入谷底和达到高峰的时间比城市创新景气波动周期提前若干时间。由于先行指标总是在技术创新波动之前发生变动，因此是短期景气分析的有力工具，利用先行指标的特征可以预先估计技术创新景气波动周期的转折点以及波动升降幅度。确定先行指标时，指标的技术创新性质具有比较肯定的、明确的先行关系，同时指标序列的特殊循环的峰（或谷）的时点要比基准循环时点保持稳定的先行关系。

（2）一致指标。一致指标是指相对于基准循环或基准日期来说，与创新景气波动大致同时达到峰值或谷底，涨落走向大体一致。通过分析一致指标，可以较为明确地分析城市创新景气的运行态势和轨迹，判断当前处于景气周期的哪个阶段。一致指标选取上，首先，指标技术创新性质上要与城市创新景气波动有明显的同步特征；其次，一致指标的特殊循环的峰（或谷）的时点要与基准循环时点接近，时间差别不大。

（3）滞后指标。滞后指标指相对于基准循环或基准日期，指标波动总是绝大部分落后于创新波动的峰值或谷底。滞后指标主要用于分析景气指标所反映的循环是否科学合理，验证创新变动趋向是否真实，具有反馈作用。滞后指标选取时需要从理论上分析与城市技术创新的滞后关系，也要与基准循环峰（或谷）值进行对比，具有明显的时间上的滞后。

（二）指标分类方法

1. 时差相关分析法

时差相关分析法是研究景气指数中指标分类的传统方法，是对单个指标与单个指标间或者单个指标与多个指标或者多个指标和多个指标间分析先后关系程度，通过分析得出的时差相关系数进行指标分类的一种方法。如果景气指标和基准指标的时间序列在时间上存在相关性，它们之间的相关程度必定在某一时差上达到最大，最大相关系数对应的时差就是指标的前行或者滞后期数。设 $Y=\{y_1, y_2, \cdots, y_n\}$ 为基准指标，$X=\{x_1, x_2, \cdots, x_n\}$ 为选择的指标，则时差相关系数 r 公式为：

$$r_l=\frac{\sum_{t=1}^{n_l}(x_{t+l}-\bar{x})(y_t-\bar{y})}{\sqrt{\sum_{t=1}^{n_l}(x_{t+l}-\bar{x})^2\sum_{t=1}^{n_l}(y_t-\bar{y})^2}},\ l=0,\ \pm1,\ \pm2,\ \cdots,\ \pm L$$

式中，l 称为时差或延迟数，表示超前或者滞后的期数，$l>0$ 表示滞后，$l<0$ 表示超前；L 是最大延迟数；n_l 为完整数据的个数。对景气指标计算多个不同延迟数的时差相关系数，其中最大的时差相关系数反映了被选指标与基准指标的时差相关关系，所对应的延迟数 l 表示指标的超前或者滞后期。

2. K-L 信息量法

K-L 信息量是由 Kullback 和 Leibler 在 20 世纪中叶提出的一种判定两个概率分布接近程度的一种信息量（板元庆等，1982）。对于偶然的带有随机性质的现象，通常可认为是服从某一概率分布的随机变量的一些实现值。如果已知（或假设）真正的概率分布，从而评价模型的好坏，就需要一个度量，这就是 Kullback-Leibler 信息量。将 K-L 信息量用于选择景气指标的实际计算中，也是根据选定的最能反映城市创新景气度的基准指标与被选择指标计算信息量。设 $Y=\{y_1,\ y_2,\ \cdots,\ y_n\}$ 为基准指标，$X'=\{x_1,\ x_2,\ \cdots,\ x_n\}$ 为选择的指标，由于任意满足 $p_i>0$，$\sum p_i=1$ 均可视为某随机变量的概率分布列，因此对基准指标和选择指标做标准化处理后，使得指标和为单位 1，可以满足计算要求。基准指标处理后的序列记为 p，被选择指标处理后的序列记为 q。

$$p_t=\frac{y_t}{\sum_{j=1}^{n}y_j}t=1,\ 2,\ \cdots,\ ny_t>0$$

$$q_t=\frac{x_t}{\sum_{j=1}^{n}x_j}t=1,\ 2,\ \cdots,\ nx_t>0$$

K-L 信息量计算公式为：

$$k_l = \sum_{t=1}^{n_l} p_t \ln\left(\frac{p_t}{q_{t+l}}\right)，l = 0，\pm1，\cdots，\pm L$$

式中，l 称为时差或延迟数，表示超前或者滞后的期数，$l > 0$ 表示滞后，$l < 0$ 表示超前；L 是最大延迟数；n_l 为完整数据的个数。选出计算结果中最小的 K_l 值作为被选择指标 X 关于基准指标 Y 的 K–L 信息量，其对应的延迟数 l 表示指标的超前或者滞后期。

3. 聚类分析法

聚类分析是定量研究分类问题的一种统计分类方法。它的基本思想是同一类的指标有较大的相似性，通过计算多个指标之间的有关系数，以此系数为依据把相似的指标分别聚合到不同类中。聚类分析的方法有很多，归纳起来有系统聚类法、分解聚类法、动态聚类法、有序聚类法、重叠聚类法、模糊聚类法和运筹聚类法等。

本研究只介绍系统聚类法，其基本思想是先将 m 个指标各自看成一类，规定指标间的一致性度和类间一致性度。开始时，类间一致性度等于指标间的一致性度，先将一致性度最大的两类合并成新的类，计算新类与其他类的一致性度，再次将一致性度最大的两类合并，这样每次至少减少一类，直至所有的指标成为一类。类间一致性度有多种定义方法，不同的定义产生了系统聚类的不同方法。通过前述指标分类方法，可以分析出比较好的先行、一致、滞后指标，通过观察聚类分析中指标分类中所包含的已知类型的指标，可以判断分类是先行指标类、一致指标类还是滞后指标类。对于每一类中的指标继续进行单因素方差分析，根据方差分析结果判断指标在分类上是否有显著差异，挑出对聚类没有贡献的指标考虑剔除指标体系。

4. 灰色关联法

灰色关联指标分类法是通过计算景气指标和基准指标之间灰色关联度进行指标划分的一种统计方法。对景气指标的同期序列（设 $l = 0$）、前推

1，2，…，n 期（设 l = -1，-2，…，-n）序列及后推 1，2，…，n 期（设 l = 1，2，…，n）序列，分别与基准指标的同期序列组合构成比较序列，依次计算灰色关联度，灰色关联度在某一期达到最大，则最大关联度对应的 l 值即为指标的延迟数，与时差相关分析法一样所对应的数值代表超前期或者滞后期。设 $Y=\{y_1, y_2, \cdots, y_n\}$ 为经过标准化处理后的基准指标，$X=\{x_1, x_2, \cdots, x_n\}$ 为经过标准化处理后的选择的指标，首先对景气指标和基准指标进行 ADF 平稳性检验，数据通过平稳性验证之后构造比较序列。选择的指标 X 和基准序列 Y 在第 t 个数据上的关联系数公式：

$$\xi_t(k)=\frac{\min\limits_{i}\min\limits_{t}|y_t-x_{t-l}|+\rho\max\limits_{i}\max\limits_{t}|y_t-x_{t-l}|}{|y_t-x_{t-l}|+\rho\max\limits_{i}\max\limits_{t}|y_t-x_{t-l}|}$$

指标关联度为各个关联系数的平均值：

$$\gamma(Y, X)=\frac{1}{n}\sum_{t=1}^{n}\xi_t(k)$$

式中，ρ 为分辨系数，取值区间为（0，1），ρ 越小分辨力越大，具体取值可视情况而定，一般取值为 0.5。l 取负数表示提前，取正数表示滞后。

5. 峰谷对应法

在景气初选指标很多时，前述几种方法可以利用相应的计算机程序快速计算出结果，以对指标进行初步筛选，从而剔除掉一部分不合要求的指标。但这些方法均从不同的侧面对指标的整体性质进行了描述，对于指标的各个特殊循环的波动状态并没有进行具体直观的描述。峰谷对应法是通过时间序列波动峰与谷之间的对应关系研究指标超前或滞后期的评价方法。一种是求出基准指标和选择指标的转折点的位置，通过比较转折点的位置来确定指标类别；另一种是通过画图的方式进行比较，将选择指标和基准指标画在同一张图上，观察两个指标锋与谷的对应状况，确定指标超前或滞后期数。

(三) 银川市创新景气指标分类

城市创新系统与城市自身特点及经济社会发展息息相关，进一步确定城市创新景气指标体系时需要结合具体城市特点，在前述初步研究结果（见表 2-7）的基础上，经课题组考虑分析统计数据可获性、统计结果显著性等因素，征求多位创新研究领域专家意见，确定了更为符合银川市创新现状的指标体系，如表 2-8、表 2-9 和表 2-10 所示。

1. 数据来源

本研究样本数据选取银川市 2001~2015 年的创新景气初选指标数据，数据来源于 2001~2016 年的《银川市统计年鉴》《银川市国民经济和社会发展统计公报》《宁夏统计年鉴》《宁夏科技统计公报》《中国城市统计年鉴》《中国高技术产业统计年鉴》《中国科技统计年鉴》《区域创新能力报告》、国家知识产权局等文献数据，另有一些数据通过宁夏回族自治区科技厅和银川市科技局资料中手工收集得到。

2. 缺失值处理

由于统计及其他方面的原因，部分指标数据存在缺失值，为确保统计数据的连续性、计算机处理的可行性和计算结果分析的客观性，有必要对原始数据进行补充。景气分析所涉及的指标均为时间序列数据，当出现数值缺失的情况时，可以考虑利用同一指标的近邻数据，采用直线内插与趋势预测相结合的方法对缺失值进行插补，能够更为客观地反映出序列原始信息（徐国祥，2004）。为了尽可能保留原始数据的波动特征，客观反映指标趋势，对于中间年份的缺失数据一般采用直线内插法进行插值：

（1）对于缺失某一年指标数据的情况，可以利用前后相邻的数据进行插值，公式为：

$$X_i = (X_{i+1} - X_{i-1})/2 + X_{i-1}$$

式中，X_i 为缺失值，X_{i-1} 和 X_{i+1} 分别为相邻前后两年数据。

(2) 对于连续两年数据都缺失的指标数据，推算公式为：

$X_i = (X_{j+1} - X_{i-1})/3 + X_{i-1}$

$X_j = (X_{j+1} - X_{i-1})/3 + X_i = (X_{j+1} - X_{i-1})2/3 + X_{i-1}$

式中，X_i 和 X_j 为连续两年的缺失值，X_{i-1} 和 X_{j+1} 为相邻前后两年的数据。

(3) 对于缺失前几个年度数据的指标，可以采用等差增长数列方法加以补充。由于城市创新数据多数处于上升趋势，按照趋势外推原则可以通过减少单位公差方法补齐前面缺少年份的数据。

3. 正向化处理

在统计中，指标可以分为正指标、逆向指标和适度指标 3 类。正指标指取值越大越好的指标，逆向指标指取值越小越好的指标，适度指标指取值越靠近理想值越好的指标。对于不同方向的指标在分析之前需要进行处理，因此对逆向指标和适度性指标进行正向化。

通过前述中对银川市创新的分析和银川市政府工作报告，认为银川市目前资源型产业所占比重仍然较大，对创新产生逆向影响，因此上述创新景气指标中逆指标有资源型产业产值比重、废气排放强度、废水排放强度，对于逆向指标由于不存在最大值、最小值，因此采用取倒数：$X' = 1/X$ (X'为处理后的指标数，X 为原始值) 的方法进行正向化处理。指标中第三产业比重认为是适度指标，适度指标处理一般采用公式 $X' = 1/(X - K)$ (K 为适度值)，但这种处理方法在原始值和 K 值非常接近的情况下易出现极端值的情况，因此采用公式 $X' = 1 - (|X - K|/K)$ 进行处理。根据银川市政府工作报告，银川市大力发展第三产业，提高第三产业比重，对于第三产业选取样本期间最大值作为适度指标。

4. 指标分类

样本数据为年度数据，观察数据趋势性较强，因此采用增长率数值进行指标动态分类计算。考虑到银川市城市科技创新的具体情况，超前或滞后期不会太长，最多超前或滞后三年，本研究取最大延迟数为 3（杨武等，2014）。采用时差分析法、K–L 量信息法和峰谷对应法 3 种方法对银川市景气指标进行计算和比较分析，最终建立先行指标组、一致指标组和滞后指标组。

（1）时差分析法。根据选取样本数据的序列长度，我们选取最大延迟数 L = 3 对指标进行分类，延迟数小于等于–2 时为先行指标，大于等于 2 时为滞后指标，在–1~1 为一致指标。采用 Eviews 软件进行具体操作，时差分析法分类结果如表 2–8 所示。

表 2–8 时差分析法指标分类结果

指标名称	延迟数	最大相关系数	指标分类
专利申请数	0	1	基准指标
科研经费总投入	–3	0.426	先行
财政科技支出	–1	0.573	一致
企业研发投入	0	0.667	一致
科技项目费用	3	0.751	滞后
教育经费支出	–1	0.560	一致
企业技术引进经费	–1	0.659	一致
研发全时人员当量	0	0.592	一致
企业科技研发人员全时当量	–1	0.679	一致
高技术产业从业人员	–3	0.821	先行
普通高等学校学生数	–3	0.409	先行
在校研究生数	0	0.538	一致
发明专利申请数	0	0.779	一致
专利授权数	1	0.519	一致
发明专利授权数	2	0.446	滞后
科技论文发表数量	–3	0.597	先行
科技活动项目数	0	0.590	一致
新产品产值	2	0.668	滞后
高技术产业产值	2	0.548	滞后

续表

指标名称	延迟数	最大相关系数	指标分类
技术市场成交额	3	0.648	滞后
工业产值能耗	2	0.670	滞后
人均 GDP	3	0.455	滞后
社会消费品零售总额	-3	0.320	相关性较差
居民人均可支配收入	-2	0.474	先行
居民人均消费支出	-2	0.603	先行
第三产业占 GDP 比重	2	0.777	滞后
资源型产业占工业产值比重	-2	0.642	先行
城镇化水平	-3	0.663	先行
进出口贸易总额	0	0.806	一致
人均拥有城市道路面积	1	0.271	相关性较差
每万人拥有公交车辆	0	0.779	一致
邮电业务总量	-2	0.574	先行
互联网用户数量	3	0.662	滞后
国家级、省部级研究中心、技术中心、实验室数量	-3	0.498	先行
企业科技机构数	0	0.821	一致
高等院校数	3	0.208	相关性较差
颁布科技政策数	-2	0.397	相关性较差
产学研合作	1	0.497	一致
废气排放强度	0	0.383	相关性较差
废水排放强度	3	0.036	相关性较差
污水处理率	3	0.296	相关性较差
人均公园绿地面积	-2	0.726	先行

从时差相关分析结果看，时差相关系数在 0.4 以下的指标有 7 个，分别为社会消费品零售总额、人均拥有城市道路面积、废气排放强度、废水排放强度、污水处理率、高等院校数量、颁布科技政策数。这与银川市消费波动不明显，基础设施建设、环境变化相对缓慢的实际相符合；银川市

高等院校数量在近几年并未出现较大变化，因此高等院校数量指标相关系数不大；银川市科技政策发布数量规律性不强，因此未能很好地反映科技政策实施力度，与基准指标相关性较差。

（2）K–L 信息量法。以专利申请量作为基准指标，仍然规定最大延迟数 L = 3，计算得到各指标 K–L 信息量如表 2–9 所示。

表 2–9 K–L 信息量法指标分类结果

指标名称	延迟数	K–L 信息量	指标分类
专利申请数	0	0.00	基准指标
科研经费总投入	–3	44.07	先行
财政科技支出	–1	25.29	一致
企业研发投入	0	11.30	一致
科技项目费用	3	1.76	滞后
教育经费支出	–1	21.27	一致
企业技术引进经费	0	6.99	一致
研发全时人员当量	0	2.32	一致
企业科技研发人员全时当量	–1	9.52	一致
高技术产业从业人员	–1	44.63	一致
普通高等学校学生数	–2	69.54	先行
在校研究生数	0	33.17	一致
发明专利申请数	1	6.40	一致
专利授权数	1	12.47	一致
发明专利授权数	2	55.21	滞后
科技论文发表数量	–3	64.69	先行
科技活动项目数	0	10.96	一致
新产品产值	2	20.88	滞后
高技术产业产值	2	103.87	滞后
技术市场成交额	3	70.54	滞后
工业产值能耗	2	35.64	滞后
人均 GDP	3	41.56	滞后

续表

指标名称	延迟数	K–L 信息量	指标分类
社会消费品零售总额	–2	135.44	先行
居民人均可支配收入	–2	73.66	先行
居民人均消费支出	–2	65.41	先行
第三产业占 GDP 比重	2	19.89	滞后
资源型产业占工业产值比重	–2	38.42	先行
城镇化水平	–3	20.10	先行
进出口贸易总额	0	3.54	一致
人均拥有城市道路面积	3	84.79	滞后
每万人拥有公交车辆	0	67.55	一致
邮电业务总量	–2	12.33	先行
互联网用户数量	3	26.75	滞后
国家级、省部级研究中心、技术中心、实验室数量	–3	45.05	先行
企业科技机构数	–2	10.5	先行
高等院校数	3	98.47	滞后
颁布科技政策数	–2	145.99	先行
产学研合作	1	45.70	一致
废气排放强度	1	105.21	一致
废水排放强度	3	81.49	滞后
污水处理率	3	30.67	滞后
人均公园绿地面积	–2	5.84	先行

根据 K–L 信息量分析结果，大部分指标的分析结果与时差分析结果一致，但也有部分指标延迟期数发生了变化，如企业技术引进经费、普通高等学校学生数、发明专利申请数的延迟期数与时差相关分析延迟期数不一致，但指标分类性质未发生变化；而有些指标因为延迟期数发生变化导致性质也发生了变化，如高技术产业从业人员数量由先行指标变为一致指标，企业科技机构数量由一致指标变为先行指标。因此，对于各指标的分类需要通过峰谷对应法进一步分析。

(3) 峰谷对应法。将处理后的基准指标专利申请数与其他各指标项绘制时间序列图，通过比对波峰、波谷、转折点和变化趋势的对比分析，结合上述方法分析结果中对应的滞后期数，最终确定各个指标的先行、一致和滞后序列。以科研经费总投入指标为例，与基准指标专利申请数的时序图如图 2-1 所示，最终确定科研经费总投入指标为先行指标。

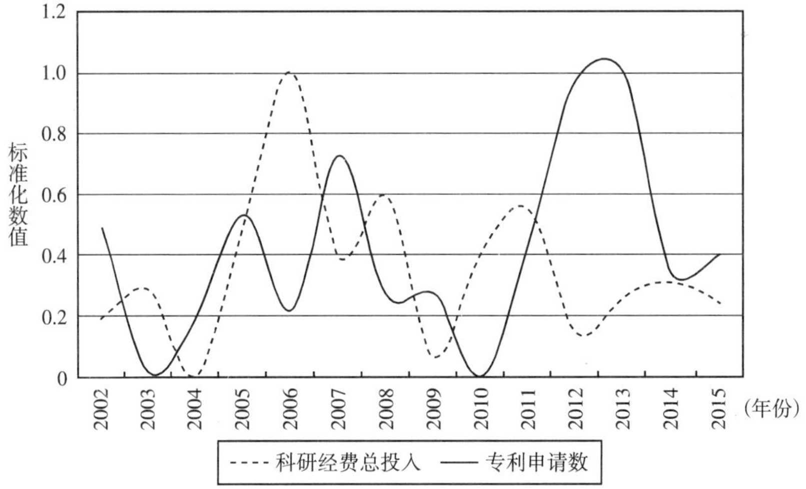

图 2-1 峰谷对应法结果

同理画出其他指标与基准指标的时序图，对每一个指标的波峰、波谷与基准指标的波峰与波谷进行横向比较；根据图形结果，结合时差分析法和 K-L 信息量确定的指标分类，最终确定先行指标、一致指标与滞后指标。

表 2-10 3 种指标方法分类结果比较与指标选择

指标名称	时差分析法	K-L 信息量	峰谷对应法	最终结果
专利申请数	基准指标	基准指标	基准指标	基准指标
科研经费总投入	先行	先行	先行	先行
财政科技支出	一致	一致	一致	一致
企业研发投入	一致	一致	一致	一致

续表

指标名称	时差分析法	K–L 信息量	峰谷对应法	最终结果
科技项目费用	滞后	滞后	滞后	滞后
教育经费支出	一致	一致	一致	一致
企业技术引进经费	一致	一致	一致	一致
研发全时人员当量	一致	一致	一致	一致
企业科技研发人员全时当量	一致	一致	一致	一致
高技术产业从业人员	先行	一致	先行	先行
普通高等学校学生数	先行	先行	先行	先行
在校研究生数	一致	一致	一致	一致
发明专利申请数	一致	一致	一致	一致
专利授权数	一致	一致	一致	一致
发明专利授权数	滞后	滞后	滞后	滞后
科技论文发表数量	先行	先行	先行	先行
科技活动项目数	一致	一致	一致	一致
新产品产值	滞后	滞后	滞后	滞后
高技术产业产值	滞后	滞后	滞后	滞后
技术市场成交额	滞后	滞后	滞后	滞后
工业产值能耗	滞后	滞后	滞后	滞后
人均 GDP	滞后	滞后	滞后	滞后
社会消费品零售总额	相关性较差	先行	峰谷对应不明显	剔除指标
居民人均可支配收入	先行	先行	先行	先行
居民人均消费支出	先行	先行	先行	先行
第三产业占 GDP 比重	滞后	滞后	滞后	滞后
资源型产业占工业产值比重	先行	先行	先行	先行
城镇化水平	先行	先行	先行	先行
进出口贸易总额	一致	一致	一致	一致
人均拥有城市道路面积	相关性较差	滞后	峰谷对应不明显	剔除指标
每万人拥有公交车辆	一致	一致	一致	一致
邮电业务总量	先行	先行	先行	先行
互联网用户数量	滞后	滞后	滞后	滞后

续表

指标名称	时差分析法	K–L 信息量	峰谷对应法	最终结果
国家级、省部级研究中心、技术中心、实验室数量	先行	先行	先行	先行
企业科技机构数	一致	先行	先行	先行
高等院校数	相关性较差	滞后	峰谷对应不明显	剔除指标
颁布科技政策数	相关性较差	先行	峰谷对应不明显	剔除指标
产学研合作	一致	一致	一致	一致
废气排放强度	相关性较差	一致	峰谷对应不明显	剔除指标
废水排放强度	相关性较差	滞后	峰谷对应不明显	剔除指标
污水处理率	相关性较差	滞后	峰谷对应不明显	剔除指标
人均公园绿地面积	先行	先行	先行	先行

从最终结果中可以得到最终指标体系及分类：

先行指标：科研经费总投入、高技术产业从业人员数、普通高等学校学生数、科技论文发表数量、居民人均可支配收入、居民人均消费支出、资源型产业占工业产值比重、城镇化水平、邮电业务总量、国家级、省部级研究中心、技术中心、实验室数量、企业科技机构数量、人均公园绿地面积。

一致指标：财政科技支出、企业研发投入、教育经费支出、企业技术引进经费、研发全时人员当量、企业科技研发人员全时当量、在校研究生数、发明专利申请数、专利授权数、科技活动项目数、进出口贸易总额、每万人拥有公交车辆、高校科研院所研发经费中企业资金比例。

滞后指标：科技项目费用、发明专利授权数、新产品产值、高技术产业产值、技术市场成交额、工业产值能耗、人均 GDP、第三产业占 GDP 比重、互联网用户数量。

（四）银川市创新景气指标权重确定

在构造合成指数（CI）的过程中，指标的权重赋权是指数设计的关键因素。目前赋权的方法有两种：一种是软赋权法，即主观性较强的赋权方法，包括专家评判法、层次分析法等，主要采用评分的定性方法确定指标的权数，这种方法能够反映相关专家及研究人员对于指标的主观认识，包括长期研究的经验性信息，得出的结果能够得到广泛的认可，但由于完全采用定性方法，可能会出现对指标掌握不够充分而产生的认识偏差，进而导致所确定的权重不够准确的问题；另一种是硬赋权方法，即客观较强的方法，包括变异系数法和熵值法、因子分析法等，这种方法是根据指标间的相关系数或各项指标的变异程度来确定权数，避免了人为判断带来的主观偏差，但这种方法的缺点是不考虑指标本身的重要程度，因而有时确定的权数与预期的不一致，同样的指标体系对于不同的样本所得到的权数也会出现不同。

综合考虑两类指标的优缺点，我们认为指标赋权应将主客观方法相结合，主观方法可以体现重要指标的地位，同时采用客观方法修正主观偏差，通过组合赋权法得到更准确的指标权重。

1. 主观赋权法

在学界及实践中常用的主观赋权法有专家咨询法、频数统计法、层次分析法等。

（1）专家咨询法。选择若干专家组成评判小组，各专家独立给出一套权数，形成一个评判矩阵，对各专家给出的权数进行综合处理得出综合权数，并计算其均值和标准差。将计算的结果返还给各位专家，要求专家在新的基础上重新确定权数，直至各指标权数与其均值的离差不超过预先给定的标准为止，也就是各专家的意见基本趋于一致，此时各位专家给出的权数的均值就可以作为最终确定的权数。该方法是利用专家的知识、智慧、经验等无法数量化的带有很大模糊性的信息形成对各方面的评价权数，体现了评价者的主观偏好，方法操作简单，原理清楚明了，但权数受主观因素影响较大，不能形成具有说服力而且稳定的一套权数。它适合数据收集困难或者信息量化不易准确的评价项目。

（2）层次分析法。最早是由美国匹兹堡大学教授（T. L. Saaty，1987）提出的一种层次权重决策分析方法。首先通过对复杂系统因素及因素关系的分析，将系统要素分类；其次将系统要素按照结构划分层次，形成多层次结构。利用专家经验和判断能力结合定量计算和定性分析，对每一层次的要素通过两两比较的方式进行评判，对因素之间的重要性进行比较，构造判断矩阵，通过对这种比较综合评判结果进行计算处理，得出不同层次要素相对最高层次，确定不同方案的定量值，进而可获得各指标重要性大小不同的排列系数。

层次分析法基本步骤：

首先，通过对系统的深刻认识，确定该系统的总目标。

其次，建立判断矩阵。根据实现功能的差异将评价目标分解，根据分解目标分解系统形成多个层次，比较同一层的两个指标，按照不同的重要程度用相对重要性等级表赋值，通过这种方式建立判断矩阵。

最后，层次排序。计算各层元素对系统目标的合成权重，通过求和运算确定重要程度，进行层次总排序以确定递阶结构图中最底层各个元素的总目标中的重要程度。

2. 客观赋权法

（1）因子分析法。因子分析（Factor Analysis）是一种数据简化的技术。它通过研究众多变量之间的内部依赖关系，探求观测数据中的基本结构，并用少数几个假想变量表示其基本的数据结构。据因子分析方法，p 个指标构成的向量 X 可以由 $m(m<p)$ 个公共因子的线性组合 F_1，F_2，…，F_m 来表示：$X = AF + \varepsilon$。

式中，A 为因子荷载矩阵，$A = \begin{bmatrix} a_{11} & \cdots & a_{1m} \\ \vdots & \ddots & \vdots \\ a_{p1} & \cdots & a_{pm} \end{bmatrix}$，F 为公共因子矩阵，

是不可观测的变量，$F=(F_1, F_2, \cdots, F_m)T$，ε 为特殊因子矩阵，是不能被前 m 个公共因子包含的部分，$\varepsilon=(\varepsilon_1, \varepsilon_2, \cdots, \varepsilon_m)T$。

因子载荷矩阵的估计方法有很多种，估计结果也并不唯一，比较常用的方法是主成分方法，求解变量 X 的前 m 个主成分，进行简单数学变换就可以得到因子载荷矩阵。为了使得因子分析中所得出的各因子有明确的经济含义，通常需要对因子载荷矩阵进行旋转（如方差最大化正交旋转），使旋转后的因子载荷矩阵结构简化，使每个变量仅在一个公共因子上有较大载荷，而在其余的公共因子上的载荷比较小，便于对公共因子进行解释。

（2）熵值法求权重。客观赋权法采用熵值法对指标进行赋权。熵值法原理是根据各个指标在所有被评价对象上的观测值所提供的信息大小来确定指标权重。指标值差距越大的指标对综合评价的影响越大，指标值差距越小的指标，在综合评价中起到的作用越少。熵值法通过计算熵值来判断指标的变异程度，在信息论证中，熵的概念是对不确定性的一种度量。信息量越大，不确定性越小，熵越小；信息量越小，不确定性越大，熵越大。根据熵的特性，我们可通过计算熵值来判断一个方案的随机性及无序程度，也可以用熵值判断某个指标的离散程度，指标的离散程度越大，该指标对综合评价的影响越大。因此，可根据各项指标的变异程度，利用信息熵这个工具，计算出各个指标的权重，为多指标综合评价提供依据。

1）数据无量纲处理。由于熵值法是根据数据间的差异确定指标权重，因此在无量纲化过程中，需要避免去除数据的差异性，因此选用以下公式进行处理：

$$Y_{ij}=X_{ij}\sqrt{\sum_{i=1}^{n}X_{ij}^2}, \ i=1, 2, \cdots, m, \ j=1, 2, \cdots, n$$

式中，X_{ij} 表示第 i 个方案下第 j 项指标值，Y_{ij} 表示无量纲化值。

2）计算指标比重。

$$p_{ij} = Y_{ij} / \sum_{i=1}^{m} Y_{ij}, \quad i = 1, 2, \cdots, m, \quad j = 1, 2, \cdots, n$$

3）计算指标熵值。

$$e_j = -K \sum_{i=1}^{m} p_{ij} \ln p_{ij}, \quad 0 \leqslant e_j \leqslant 1, \quad i = 1, 2, \cdots, m, \quad j = 1, 2, \cdots, n$$

$$K = \frac{1}{\ln m}$$

4）计算指标差异性系数。

$$h_j = 1 - e_j$$

5）确定指标权重。

$$\omega_j = h_j / \sum_{j=1}^{n} h_j$$

3. 组合赋权法

由于主观赋权的主观性太强，使权重缺乏客观性；而客观赋权又完全依赖样本数据，有可能出现指标权重有时与指标实际重要性相悖。因此，单独的主客观赋权法都不能准确地反映评价指标的真实权重，因此可以考虑采取组合赋权法，综合两种方法。为了均衡主观赋权法与客观赋权法的利弊，一般采取线性加权组合法将各种赋权方法得出的权数进行加权汇总得出组合权数：$\varepsilon_j = \sum_{i=1}^{k} \beta_i \omega_j$，式中，$\varepsilon_j$ 是 j 个指标的权重系数，β_i 是第 i 种方法的权系数，ω_j 是第 i 种方法中赋予的第 j 个指标的权重。对于 β_i 的确定一般有两种方法：一种是基于主客观权重偏差最小的组合赋权，一种是基于主客观评价结果差异最小的组合赋权。由于主客观赋权法都有优点和缺点，两者在组合权重中的重要程度也无法确定，因此认为主客观方法在权重确定时同等重要，取其平均数作为组合赋权权重，即组合赋权法权系数为：$W_j = (\omega_j + \mu_j)/2$，$\omega_j$ 和 μ_j 分别为主观赋权法和客观赋权法的权系数。

六、银川市创新景气指数计算及分析

（一）确定权重

主观赋权法邀请10位创新相关领域研究的专家学者对银川市创新景气指标体系进行比较打分，然后利用建立判断矩阵，运用层次分析法计算各指标权重；客观赋权法利用收集到的实际数值采用熵值赋权法进行赋权；根据公式 $\varepsilon_j=\sum_{i=1}^{k}\beta_i\omega_j$ 对主观赋权法和客观赋权法加权汇总得到各指标最终权重如表2-11所示。

表2-11　银川市城市创新景气指数指标权重

指标名称	主观赋值权重	客观赋值权重	组合权重
科研经费总投入	0.03452	0.048733	0.041627
财政科技支出	0.033369	0.061221	0.047295
企业研发投入	0.032219	0.04977	0.040995
科技项目费用	0.029151	0.043871	0.036511
教育经费支出	0.034137	0.036766	0.035451
企业技术引进经费	0.028767	0.139994	0.084381
研发全时人员当量	0.036821	0.009848	0.023335
企业科技研发人员全时当量	0.025699	0.014706	0.020202
高技术产业从业人员	0.024932	0.001918	0.013425
普通高等学校学生数	0.029917	0.011324	0.020621
在校研究生数	0.028384	0.02416	0.026272
专利申请数	0.049122	0.049993	0.049558
发明专利申请数	0.044493	0.096246	0.070369
专利授权数	0.048073	0.030293	0.039183

续表

指标名称	主观赋值权重	客观赋值权重	组合权重
发明专利授权数	0.047561	0.047734	0.047648
科技论文发表数量	0.046538	0.00761	0.027074
科技活动项目数	0.045005	0.002323	0.023664
新产品产值	0.021991	0.064432	0.043211
高技术产业产值	0.021224	0.015621	0.018423
技术市场成交额	0.03452	0.025619	0.03007
工业产值能耗	0.028157	0.011136	0.019647
人均 GDP	0.015343	0.017693	0.016518
居民人均可支配收入	0.017644	0.016746	0.017195
居民人均消费支出	0.014831	0.011887	0.013359
第三产业占 GDP 比重	0.019434	0.000268	0.009851
资源型产业占工业产值比重	0.011251	0.001626	0.006438
城镇化水平	0.019179	0.000916	0.010047
进出口贸易总额	0.018155	0.042705	0.03043
每万人拥有公交车辆	0.01432	0.003806	0.009063
邮电业务总量	0.019945	0.007798	0.013871
互联网用户数量	0.011763	0.019217	0.01549
国家级、省部级研究中心、技术中心、实验室数量	0.022758	0.048283	0.03552
企业科技机构数	0.024293	0.009504	0.016898
高校科研院所研发经费中企业资金比例	0.045516	0.015577	0.030546
人均公园绿地面积	0.020968	0.010657	0.015812

（二）景气指数计算

城市创新景气周期波动是通过一系列创新活动来传递和扩散的，任何一个创新变量的波动过程都不能完全代表创新景气的波动变化，正确反映城市创新景气波动状况，需要综合考虑城市创新活动相关的投入、产出、环境等各方面的因素及相互影响。基于此，我们在上文已经筛选出一批有代表性的创新指标，需要将这些指标用数学方法合成为一组景气指标，以此作为观测创新景气波动的综合尺度。目前国际上通用的景气指数方法有扩散指数 DI 方法和合成指数 CI 方法。

景气可以分为扩张、收缩两大局面。对于城市创新景气，当创新活动处于繁荣兴旺状态时，大部分创新指标增长率持续上升，但当景气迎来成熟阶段后，几个指标增长率开始改变方向，转成下降。当保持上升的指标与转为下降的指标均等时，即是景气由扩张局面向收缩局面变换的转折点。之后大部分创新指标处于增长率下降，因此城市创新活动进入萧条期。再之后一段时间，部分指标又开始转为上升趋势，当正在下降的指标和转而回升的指标均等时，则到了景气由收缩期局面向扩张局面变换的转折点（景气的谷）。因此，扩散指数的基本思想是把保持上升（或下降）的指标占上风的动向，看作是景气波及、渗透的过程，将其综合来把握整个景气。在计算上，扩散指数计算的是指标组内第 t 时期扩张（上升）指标个数占组内所采用指标个数的比率。

综上所述，扩散指数虽然能够有效预测创新景气周期波动的转折点，但是不能表示波动变化的强弱。因此，美国商务部希斯金和 NBER 的穆尔编制了合成指数，既能预测周期波动的转折点又能反映波动的振幅。合成指数的计算首先选取可以代表创新景气的指标，然后利用合成各指标变化率的方式反映景气变动幅度。目前，国际上常用的合成指数计算方法有美国商务部的合成指数法、日本经济企划厅的合成指数法和 OECD 的合成指数法。OECD 的合成指数是依据“增长循环”的概念，是去除了趋势仅剩循环要素的序列合成指数；美国商务部的合成指数法和日本经济企划厅的合成指数法计算方法思想上是一致的，根据指标变化率合成指数。

景气指数分成扩散指数和合成指数。扩散指数能有效地预测科技创新波动的循环转折点，但不能反映波动的振幅。合成指数既能反映转折也能反映波动的幅度大小，因此本研究采用合成指数来测度科技创新景气指数。目前国际上正使用的合成指数有三种计算方法，本研究采用美国商务部的合成指数计算方法构建科技创新的景气指数。其步骤如下：

（1）求单个指标的对称变化率：设指标 Y_{ij}（t）是第 j 指标组的第 i 个指标，j = 1，2，3 分别代表先行、一致、滞后指标组，i = 1，2，…，k_j 是组内指标的序号，k_j 是第 j 指标组的指标个数。对 $Y_{ij}(t)$ 求对称变化率 $C_{ij}(t)$：

$$C_{ij}(t) = 200 \times \frac{Y_{ij}(t) - Y_{ij}(t-1)}{Y_{ij}(t) + Y_{ij}(t-1)},\ t = 2,\ 3,\ \cdots,\ n$$

（2）求单个指标标准化平均变化率 $S_{ij}(t)$。为了防止变动幅度大的指标在合成指数中取得支配地位，各指标的对称变化率 $C_{ij}(t)$ 都被标准化，使其平均绝对值都等于 1。求标准化因子：

$$A_{ij}(t) = \sum_{t=2}^{n} \frac{|C_{ij}(t)|}{n-1}$$

n 为标准化期间的时间数。用 $A_{ij}(t)$ 将 $C_{ij}(t)$ 标准化，得到标准化变化率 $S_{ij}(t)$：

$$S_{ij}(t) = \frac{C_{ij}(t)}{A_{ij}},\ t = 1,\ 2,\ 3,\ \cdots,\ n$$

（3）求各指标组的标准化平均变化率 $R_j(t)$：

$$R_j(t) = \frac{\sum_{i=1}^{k_j} S_{ij}(t)\omega_{ij}}{\sum_{i=1}^{k_j} \omega_{ij}},\ j = 1,\ 2,\ 3,\ t = 1,\ 2,\ 3,\ \cdots,\ n$$

式中，ω_{ij} 是第 j 组的第 i 个指标的权数。

（4）为了使三组指数具有相同的波动幅度以便于比较，我们进行指标标准化，并且以一致指标的波动幅度作为基准来计算指数标准化因子 F_j：

$$F_j = \frac{\sum_{t=2}^{n} |R_j(t)|/(n-1)}{\sum_{t=2}^{n} |R_2(t)|/(n-1)},\ j = 1,\ 2,\ 3$$

式中，$F_2 = 1$，计算指标标准化平均变化率 $V_j(t)$：

$$V_j(t)=\frac{R_j(t)}{F_j},\ t=2,\ 3,\ \cdots,\ n$$

（5）计算合成指数 $I_j(t)$，令 $I_j(1)=100$，则：

$$I_j(t)=I_j(t-1)\times\frac{200+V_j(t)}{200-V_j(t)},\ t=2,\ 3,\ \cdots,\ n$$

根据所构建指标，统计 2001~2015 年银川市城市创新景气指标，采用合成指数法，通过大数据处理软件编程计算 15 年间的景气变化情况，输出结果如表 2-12 和图 2-2 所示。

表 2-12　银川市城市创新景气合成指数

年份	先行合成指数	一致合成指数	滞后合成指数
2001	100	100	100
2002	97.52266	98.60599	98.79841
2003	97.75201	98.62614	98.89855
2004	98.19059	98.76875	99.01552
2005	98.4212	98.81526	99.12942
2006	99.37974	99.05426	99.04595
2007	99.09583	99.36336	99.09751
2008	99.79991	100.8903	99.45398
2009	100.272	99.57312	99.72539
2010	101.221	99.73694	99.80465
2011	100.2534	100.0406	100.2419
2012	100.9207	101.2105	101.0303
2013	102.1779	100.8135	101.9151
2014	102.631	102.0284	100.5057
2015	103.0619	103.4722	103.3376

（三）结果分析

（1）通过对合成指数的计算结果可以看出，先行指标、一致指标和滞

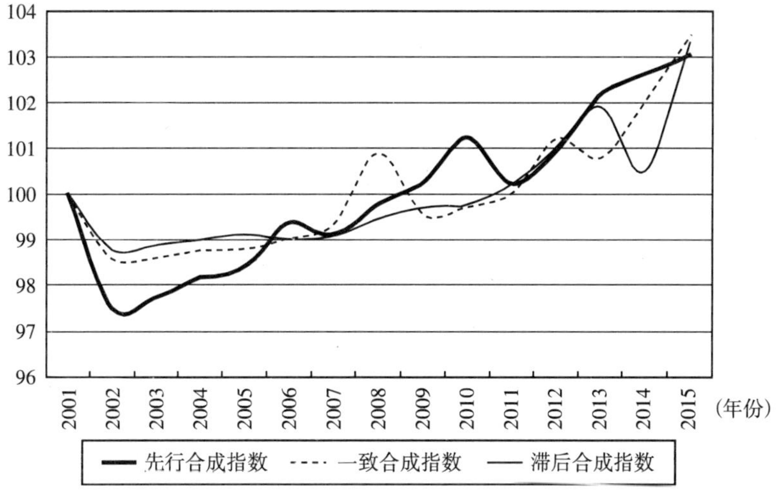

图 2-2　2001~2015 年银川市合成指数变化

后指标的合成指数均呈现显著的波动上升趋势，2002~2015 年，先行合成指数由 97.52 上升到 103.60，一致合成指数由 98.61 上升到 103.47，滞后合成指数由 98.80 上升到 103.34。

（2）从图 2-2 中可以看出，银川市创新景气指数波动不是很明显，只有几年时间能看出明显的波动。先行指标、一致指标和滞后指标的扩散指数波动情况，首先是先行指标出现创新景气转换的苗头，经过 1~2 年的时差逐渐向一致指标波及，滞后指标波动滞后也是 1~2 年。在创新活动扩张阶段，先行指标合成指数首先达到峰值，如在 2006 年和 2010 年先行合成指数达到峰值 99.38 和 101.22，创新活动进一步活跃，在先行合成指数达到峰值的大约 2 年之后一致指标合成指数也达到了极大值点。根据图形判断，一致合成指数在 2008 年和 2012 年达到景气的峰。随后创新活动进入收缩期，指标数据开始下降，随着下降指标越来越多，就会达到景气的谷。

（3）从一致合成指数走势来看，可以将 2001~2015 年银川市创新景气指数分为三个阶段：第一阶段 2001~2007 年，此期间创新景气指数变化平稳，处于缓慢上升阶段，增长率约为 1.61%，并没有明显波动出现。第二阶段 2007~2013 年，在此阶段中银川市创新景气指数上升速度增快且波动明显，在 2008 年达到第一个高点，处于非常景气状态，随着景气指数的震荡变动，2009 年、2010 年景气指数下降，处于不景气状态，之后再次上升，达到峰值，并继续波动。第三阶段 2013~2015 年，从 2013 年景气指数变动达到波谷之后，景气开始回升，创新活动再次进入繁荣期。根据先行指标合成指数预测，2016~2017 年创新景气指数将会再次达到峰值。

第三章　银川市城市创新景气影响路径研究

本章基于熊彼特创新理论、创新系统理论、城市创新理论等，结合银川市创新特点和创新景气指数影响指标，从经济环境、基础设施环境、政策环境和生态环境四个方面构建银川市创新型试点城市景气演化路径模型，并通过问卷调研数据进行实证分析。

一、景气演化因素路径分析

采用古典循环反映的城市创新景气度包含了景气状态的长期趋势及循环趋势，景气循环趋势主要是创新活动本身具有的规律性的周期波动，而景气长期趋势是由与创新活动相关的各类因素共同作用形成。根据景气指数计算发现，景气循环趋势及波动周期可以在一定程度上对创新活动波动进行预测，而创新景气长期发展趋势受到多种因素共同作用，因此根据前述研究对银川市创新景气影响因素分析及景气指数指标选取结果，建立创新景气影响路径模型，对创新景气影响因素之间的相互作用关系展开研究。

（一）基本构念分析

1. 创新投入和创新产出是影响景气状态的直接因素

世界知识产权组织、美国康奈尔大学和英士国际商学院共同发布的《全球创新指数》（2016）中，将“创新投入”和“创新产出”作为创新指数的两个次级指数。国内学者杨武（2015）在季度区域创新景气指数的构建研究中，筛选出 20 个景气影响指标，其中反映创新产出方面的指标有 14 个、反映创新投入方面的指标有 5 个。可见，“创新投入”和“创新产出”是影响创新景气状态的直接因素。

2. 创新环境因素对创新产出的直接影响作用明显

岳鹄、张宗益（2008）在对 1997~2006 年的面板数据研究后发现，创新环境对创新产出指标有显著影响；郑艳民（2012）等研究表明，创新环境对区域创新产出具有显著影响；吴晓松（2012）在其博士论文中研究证实了创新基础设施、政府创新政策以及外商创新直接投资等创新环境要素对企业创新产出具有显著影响，并通过调查问卷分别进行了验证；刘冰等（2016）根据对中关村创新的调研，研究发现良好的创新环境有利于增加创新产出，但创新环境各要素对创新产出的贡献程度存在差异。

3. 创新环境因素对创新投入的直接影响作用明显

岳鹄、张宗益（2008）研究认为，创新环境是创新投入的制约因素。傅晓霞、吴利学（2009）研究发现，创新环境对创新投入有显著影响。郑艳民（2012）等研究表明，创新环境的改善有助于创新投入的增长。刘放等（2016）从基于企业面板数据的研究，支持了税收优惠等制度环境因素有助于激励企业进行创新投入的判断。余伟等（2017）在创新的微观层面的研究中，发现环境规制等对企业研发投入有显著的促进作用，我国严格的环境保护政策能够引致工业企业进行技术创新。

结合前一部分创新景气影响因素分类和分析，建立银川市城市景气演化理论路径基本构念，如图 3-1 所示。

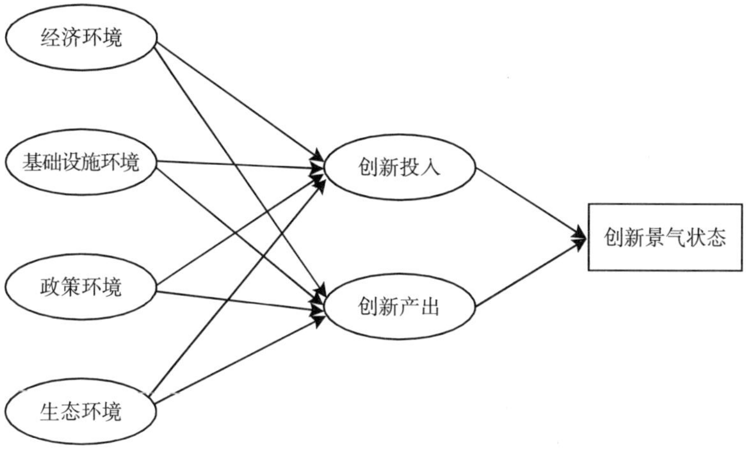

图 3-1　银川市城市景气影响路径基本构念

（二）分析方法及数据收集

有关创新路径及因素的分析方法主要有随机前沿方法、因子分析法、数据包络法、回归模型及结构方程等。影响城市创新活动景气程度的因素中包含多个因素，且因素之间、影响因素与影响结果也属于多个结果关系。关于创新相关数据的统计，国家及省级的数据统计较为充足，而地级城市缺乏相应统计变量的数据汇报，且城市与城市之间统计口径差别较大，在影响因素分析上要对银川市总体上进行统计分析，数据获取比较困难。因此，综合考虑，本章在进行银川市创新景气影响因素路径分析时选择结构方程模型的方法。与传统的回归分析不同，通过结构方程的分析可同时处理多个因变量，并且可以比较以及评价不同的理论模型。同时，结构方程模型中与传统的探索性因子分析不同，我们可以提出一个特定的因子结构，并检验它是否吻合数据。结构方程模型可同时处理多个因变量，同时允许自变量和因变量含测量误差，在我们进行政府行为对城市创新发展的影响机制研究的变量中，既有观测变量，又有潜变量。结构方程分析可以同时估计因子结构和因子关系，可以允许更大弹性的测量模型，可以估计整个模型的拟合程度，可以计算不同模型对同一个样本数据的整体拟合度，从而判断哪一个模型更接近所呈现的关系（Bollen K. A.，1993；李婧，2009；颜莉，2011；郭淡泊等，2012；谭俊涛等，2016；郑琼洁等，2010）。

结构方程模型（SEM）是社会科学研究中的一种统计建模技术，在经济学、心理学、管理学、统计学等多个领域广泛运用。结构方程是基于变量的协方差矩阵来分析变量之间关系的一种统计方法，可以将因素分析方法与路径分析方法相结合，适合于多变量分析，用来分析一些涉及自变量和潜变量的复杂关系。结构方程的原理是利用联立方程组求解，并且允许各变量存在测量误差。方程组包含潜在变量、观察以及误差变量三种变量，潜在变量是由理论或者假设构建的变量，是一种抽象概念，通常无法直接被测量；观察变量可根据统计数据或调查问卷获得数据，潜在变量由观察变量进行构建。结构方程中有两个基本的模型：测量模型与结构模型。测量模型由潜在变量与观察变量组成，测量变量是一组观察变量用来构建潜在变量的线性函数。结构模型又称为因果模型，是潜在变量间因果关系模型的说明，作为因的潜在变量称为外因潜在变量，作为果的潜在变量称为内因潜在变量。在 SEM 分析模型中，只有测量模型而无结构模型的回归关系，即为验证性因素分析。相反，只有结构模型而无测量模型，则潜在变量间的因果关系的探讨，相当于传统路径分析，其中的差别在于结构模型探讨潜在变量间的因果关系，而路径分析直接探讨观察变量间的因果关系。

观察变量与潜在变量的测量模型图如图 3-2 所示。

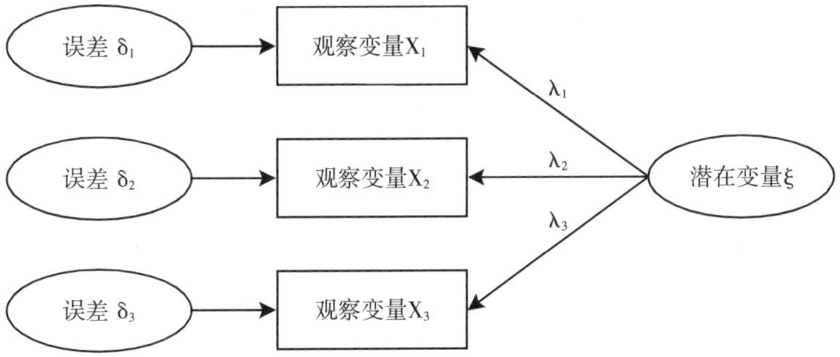

图 3-2　测量结构模型

上述测量模型的回归方程式如下：

$X_1 = \lambda_1\xi + \delta_1$

$X_2 = \lambda_2\xi + \delta_2$

$X_3 = \lambda_3\xi + \delta_3$

以矩阵方程式的方式表示为：

$X = \Lambda_X\xi + \delta$

式中，δ 与 ξ 无关，Λ_X 为指标 X 的因素负荷量，δ 为外显变量的测量误差。潜变量的结构模型如图 3-3 所示。

图 3-3　结构方程潜变量的结构模型

上述潜在变量间的回归方程式如下：

$\eta = \lambda\xi + \zeta$

一个广义的结构模型一般包括多个测量模型和一个结构模型。模型使用者需要根据已有知识或法则确立潜在变量之间的关系以及潜在变量和测量变量之间的反映关系（吴明隆，2010）。

结构方程基本步骤：

（1）模型设定：在正式进行模型估计的时候，首先需要初步建立起理论化模式，在结构方程中，也就是确定方程组的大致形式，并且能够初步确认方程组中的一些固定系数。

（2）模型识别：这里所说的模型识别也就是检验建立的模型是否能够成功地解决问题，因为在很多情况下，模型也许不能完全符合实际情况，所以经常会出现模型不能进行识别的情况，最为直接的一种表现是约束条件小于要求系数，导致不能得到准确的解。

（3）模型估计：在建立模型后，需要得出相关的模型参数，我们在进行这一步操作的时候，通常会使用最大似然法和最小二乘法。

（4）模式评价和修正：在建立好完整的模型后，还需要对模型进行拟合调整，看它是否能够真的解决问题，如果出现拟合效果不理想的话，需要对模型的相关参数进行修改，最终使得修正后的模型可以很好地贴合实际情况。

（三）模型建立

在模型估计之前，首先需要建立理论上的测量模型和结构模型，测量模型主要建立潜在变量如何由观察变量反映其特质，结构模型主要界定潜在变量之间的假设关系。

本部分关于银川市景气演化路径研究中，经分析潜在变量为经济环境、基础设施环境、政策环境、生态环境、创新投入、创新产出和创新景气状态，结合前文创新景气影响因素分析及创新景气指标的选取分析，对指标归类到各因素中，最终确定各变量下对应的影响因子，即为潜在变量对应的观察变量，初步建立测量模型如图 3-4 所示。

（四）量表编制

鉴于银川市对创新相关数据统计开始较晚，且城市间的统计口径差别较大，景气指数计算需要多年大量指标数据，数据收集较为困难，因此对

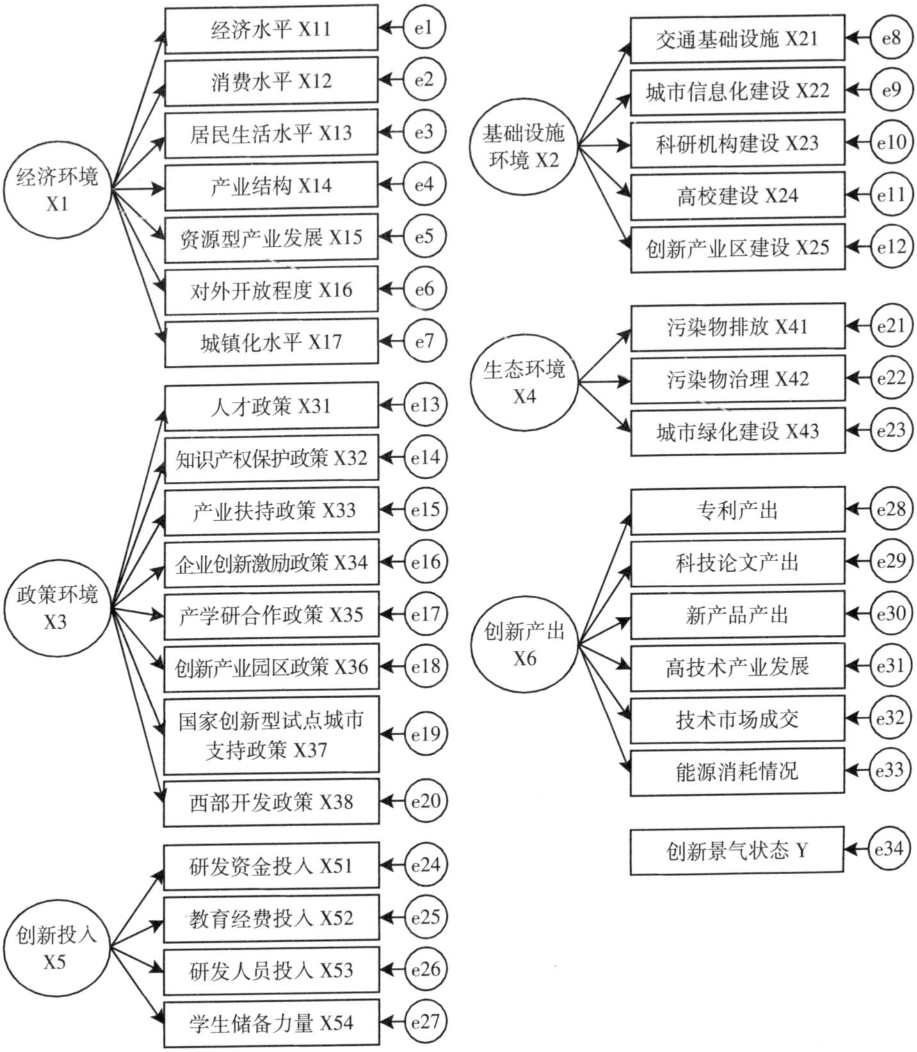

图 3-4 创新景气影响因素路径测量模型

银川市创新影响因素测量方面研究采用问卷调查法完成。问卷调查法是基于统一设计的问卷向被选取的调查对象了解情况或征询意见的调查方法，需要完成对问题概念模型的确定。然后根据模型的测量维度设计一系列题项、编制一定数量测量问卷进行调查测量。最后通过调查问卷中反映被测对象对各题项的感知程度得分以及维度得分来评价因素对创新的影响。

问卷采用李克特五级量表法。为使量表取得好的内容效度，在量表编制过程中采取了流程化方法。首先通过上文分析及参考已有文献，针对每项变量设计题目，形成初始问卷。通过咨询相关专家，结合专家意见继续修改问卷，形成调查问卷。选择30名进行创新相关研究的学者和银川市中研发机构研究人员进行测试题目的回答，并对题目描述进行评价，对各题得分的平均值及差值统计分析，找出辨识力小的题目进行修改或删除，修订形成最终调查问卷。修订过程中，关于专家意见，根据罗伯特·E.德威利斯（2004）的建议，“对于专家所提出的意见，是否接受，最终决定权在研究者本人手中”，因为专家有时候可能不能充分理解量表构建规则、意图，会导致坏的建议（罗伯特，2004；孙小强，2009）。

最终形成的调查问卷包含两部分内容。第一部分是问卷填写人及所在单位的基本信息，第二部分是银川市景气影响路径调查题目。见附录二。

（五）数据收集与分析

1. 数据收集

除少量问卷通过现场走访进行收集外，大部分问卷通过社会关系委托，借助问卷之星平台进行调查及问卷回收。问卷基本覆盖银川市各个县区，但来自西夏区、金凤区和兴庆区三区的数据占了主导。问卷调查对象包括本市进行创新相关研究的专家、科技管理和科技服务人员、科技研发机构从业人员以及高技术企业从业人员。本次调研共发放问卷300份，最终回收问卷253份，回收率为84.3%。剔除信息不完整或不符合填写要求的问卷45份，剩余有效问卷208份，有效回收率为69.3%。

2. 样本描述

从样本基本情况表可以看出，样本采集涉及政府部门、企业、高校、科研机构四类单位，主要以高校和企业为主，高校问卷占45.19%，企业问卷占29.27；调查对象所在单位中有科技机构的占57.56%，有科技创新活动的占 75.61%；从学历结构上看，调查对象中本科、硕士、博士分布较为平均，博士占 25.85%，硕士占 33.26%，本科占 28.29%，大专及以下占 12.19%。如表 3-1 所示。

表 3-1　银川市创新影响因素调查样本描述性统计分析

变量类型	变量名称	N	极小值	极大值	均值	标准差	偏度	峰度
经济环境	经济水平	208	1	5	4.01	0.822	−0.552	0.093
	消费水平	208	1	5	3.68	0.762	−0.469	1.099
	居民生活水平	208	1	5	3.55	0.825	−0.271	0.590
	产业结构	208	1	5	3.72	0.906	−0.446	0.383
	资源型产业发展	208	1	5	3.48	0.978	−0.509	0.286
	对外开放度	208	1	5	3.96	0.842	−0.763	1.006
	城镇化水平	208	1	5	3.67	0.878	−0.365	0.112
基础设施环境	交通基础设施	208	1	5	3.48	0.826	0.071	−0.255
	城市信息水平	208	1	5	3.82	0.817	−0.362	−0.023
	科研机构建设	208	1	5	3.95	0.892	−0.772	0.814
	高校建设	208	1	5	3.87	0.879	−0.878	1.305
	高技术产业区建设	208	1	5	4.07	0.814	−0.623	0.212
政策环境	人才政策	208	1	5	4.03	0.848	−0.893	1.218
	知识产权保护政策	208	1	5	4.05	0.824	−0.525	−0.091
	产业扶持政策	208	1	5	4.00	0.880	−0.828	0.608
	企业创新激励政策	208	1	5	3.94	0.799	−0.468	0.174
	产学研合作政策	208	1	5	3.93	0.846	−0.695	0.838
	创新产业园区建设及管理	208	1	5	3.96	0.859	−0.618	0.321
	国家对创新型试点城市支持政策	208	1	5	3.87	0.862	−0.578	0.288
	西部开发政策	208	1	5	3.87	0.854	−0.660	0.713
生态环境	污染物排放	208	1	5	3.55	0.888	−0.348	0.139
	污染物治理	208	1	5	2.83	0.935	−0.135	0.017
	绿化建设	208	1	5	3.91	0.847	−0.759	0.958

续表

变量类型	变量名称	N	极小值	极大值	均值	标准差	偏度	峰度
创新投入	研发资金投入	208	1	5	3.99	0.978	-0.956	0.693
	教育经费投入	208	1	5	3.74	0.993	-0.522	-0.107
	研发人员投入	208	1	5	3.82	0.857	-0.457	0.138
	学生储备力量	208	1	5	3.51	0.832	-0.152	-0.030
创新产出	专利产出	208	1	5	3.85	0.833	-0.746	1.279
	科技论文产出	208	1	5	3.65	0.853	-0.513	0.830
	新产品产出	208	1	5	3.92	0.827	-0.579	0.506
	高技术产业发展情况	208	1	5	4.01	0.795	-0.676	0.908
	技术市场成交情况	208	1	5	3.89	0.787	-0.590	0.864
	能源消耗	208	1	5	3.68	0.893	-0.319	-0.020

由于结构方程模型要求数据符合正态分布的假设，一般认为，对于数据进行正态分布检验时，要求接近正态分布即可（卢纹岱等，2006）。对样本数据使用 SPSS 进行初步检验，数据正态分布检验结果如表 3-1 所示，对样本描述统计表中偏度值绝对值均在 1 以下，峰度值绝对值最大为 1.305，均低于评判标准；而各变量标准差均大于 0.5，表明问卷填写者就各维度的调查项存在一定的变异解释。总体看，调查问卷数据基本符合正态分布要求，适合采用结构方程的方法进行分析（邱皓政等，2009）。

（六）探索性分析

1. 信度检验

信度分析是用同一方法观测计算同一类对象数据一致性的概率的方法，能够评估问卷调查分析的稳定性和可靠性，主要用稳定性、等值性和内部一致性 3 种指标。根据本研究中问卷设计，检验采用 Cronbach 系数，对于指标个数不超过 6 个的量表，其 α 值和标准化项的 α 值下限为 0.6，对于指标个数量多于 6 个的量表，其 Cronbach’s α 值和标准化项的 α 值下限为 0.7，才可接受。在优化过程中，如果某项删除后其内部一致性能得到显著提高，则可删除该项；此外，通过检验修正的项总相关系数值（Correeted-Item Total Correlation，CITC 值），认为 CITC 值小于 0.5，则为不能满足内部一致性检验项，予以删除（邱皓政等，2009）。

对 208 份问卷进行信度检验，分别计算各个维度测试项的 CITC 值，创新经济环境、创新基础设施环境、创新政策环境、创新生态环境和创新投入、创新产出因素的 Alpha 值分别为 0.901、0.903、0.923、0.874、0.821、0.896，均通过可信度检验（见表 3-2）。通过项目删除 Cronbach's 的 Alpha 值可以看出，所有变量删除后的 Alpha 值并没有明显增大，说明变量删除后的内部一致性并没有得到显著提高，因此通过信度检验。

表 3-2 创新影响因素模型 CITC 值及 α 值信度检验

变量名称	CITC 值	删除项的 Cronbach's α 值	Cronbach's α 值
经济水平	0.565	0.864	0.901
消费水平	0.722	0.854	
居民生活水平	0.680	0.856	
产业结构	0.562	0.864	
资源型产业发展	0.634	0.859	
对外开放度	0.537	0.866	
城镇化水平	0.681	0.856	
交通基础设施	0.575	0.863	0.903
城市信息水平	0.540	0.865	
科研机构建设	0.788	0.875	
高校建设	0.762	0.879	
高技术产业区建设	0.635	0.898	
人才政策	0.825	0.901	0.923
知识产权保护政策	0.819	0.902	
产业扶持政策	0.858	0.894	
企业创新激励政策	0.701	0.924	

续表

变量名称	CITC 值	删除项的 Cronbach's α 值	Cronbach's α 值
产学研合作政策	0.737	0.883	0.923
创新产业园区建设及管理	0.798	0.906	
国家对创新型试点城市支持政策	0.451	0.819	
银川市开发政策	0.650	0.779	
污染物排放	0.796	0.872	0.874
污染物治理	0.788	0.875	
绿化建设	0.553	0.865	
研发资金投入	0.557	0.800	0.821
教育经费投入	0.621	0.785	
研发人员投入	0.683	0.772	
学生储备力量	0.571	0.795	
专利产出	0.823	0.867	0.896
科技论文产出	0.753	0.882	
新产品产出	0.796	0.755	
高技术产业发展情况	0.767	0.770	
技术市场成交情况	0.660	0.815	
能源消耗	0.536	0.873	

2. 效度检验

效度是指所设定的测评模型的正确性，是一个可以被准确测定的指标，也是测量必要非充分要件。统计变量的效度分析，一般有内容效度、效标关联和结构效度 3 类，根据研究需要，本章选用因子分析法，应用内容效度工具，分析测量模型内容范围和广度。在检验探索性因子分析的条件时，需要对 KMO 值和 Bartlett 球体检验的值进行计算，KMO 值越大，表明变量受共同因子影响越大，越适合进行因子分析，一般认为不小于 0.6 为宜；而 Bartlett 球体检验显著度 P 不大于 0.05 为宜。

对 208 份有效问卷数据分为两部分进行 KMO（Kaiser-Meyer-Olkin）检

验、Bartlett 球体检验：第一部分为创新环境因素包含创新经济环境、创新基础设施环境、创新政策环境和创新生态环境四个维度，第二部分包含创新投入和创新产出表示创新景气直接影响因素。检验结果分别如表 3-3 和表 3-4。结果显示 KMO 值分别为 0.928 和 0.871 均大于 0.6，Bartlett 要求显著度 P 为 0，达到了较高显著水平，表明样本数据适合进行因子分析。

表 3-3　创新环境因子 KMO 和 Bartlett 检验

KMO 和 Bartlett 检验		
KMO 度量		0.928
Bartlett 球形检验	近似卡方	3226.629
	df	253
	Sig.	0.000

表 3-4　创新投入产出因子 KMO 和 Bartlett 检验

KMO 和 Bartlett 检验		
KMO 度量		0.871
Bartlett 球形检验	近似卡方	1078.689
	df	45
	Sig.	0.000

因子探索分析采用主成分分析方法，抽取因子进行探索研究，特征值大于 1 者取为公因子，并采用最大变异法进行公因子正交变换处理。过程中对于公因子方差低于 0.5 的、存在双重负荷的且负荷高于 0.4 的项目以及项目数少于 2 的因子，根据研究惯例予以剔除。

（1）公因子方差。公因子方差结果如表 3-5、表 3-6 所示，各变量提取值均大于 0.5，因此全部通过检验。

表 3-5 创新影响因素公因子方差（23 项）

指标变量	起始	提取
经济水平	1.000	0.678
消费水平	1.000	0.808
居民生活水平	1.000	0.690
产业结构	1.000	0.509
资源型产业发展	1.000	0.548
对外开放度	1.000	0.655
城镇化水平	1.000	0.645
交通基础设施	1.000	0.750
城市信息水平	1.000	0.692
科研机构建设	1.000	0.812
高校建设	1.000	0.745
高技术产业区建设	1.000	0.661
人才政策	1.000	0.745
知识产权保护政策	1.000	0.725
产业扶持政策	1.000	0.788
企业创新激励政策	1.000	0.600
产学研合作政策	1.000	0.625
创新产业园区建设及管理	1.000	0.728
国家支持政策	1.000	0.552
银川市开发政策	1.000	0.545
污染物排放	1.000	0.646
污染物治理	1.000	0.706
绿化建设	1.000	0.517

注：提取方法：主成分分析法。

表 3-6 创新产出公因子方差（10 项）

指标变量	起始	提取
研发资金投入	1.000	0.525
教育经费投入	1.000	0.597

续表

指标变量	起始	提取
研发人员投入	1.000	0.705
学生储备力量	1.000	0.585
专利产出	1.000	0.689
科技论文产出	1.000	0.630
新产品产出	1.000	0.784
高技术产业发展情况	1.000	0.727
技术市场成交情况	1.000	0.696
能源消耗	1.000	0.504

注：提取方法：主成分分析法。

（2）变量总方差解释。对指标数据继续分析，表 3-7 和表 3-8 是对剩余变量采用主成分分析法抽取主成分的分析结果。分析结果中各部分分别代表成分、初始特征值和提取平方和载入。根据样本数据，创新环境部分主成分分析法总共提取了 4 个主要的成分，这 4 个成分可以解释总变异的 66.73%；创新产出部分主成分分析法总共提取了 2 个主要的成分，这 2 个成分可以解释总变异的 63.53%，提取因子符合实际分类情况。通过因子分析，可以知道问卷设置维度合理，内容效度达到较高水平。

表 3-7　创新影响因素因子变量解释贡献率

解释的总方差						
成分	初始特征值			提取平方和载入		
	合计	方差（%）	累积（%）	合计	方差的（%）	累积（%）
1	10.953	47.624	47.624	10.953	47.624	47.624
2	1.852	8.051	55.674	1.852	8.051	55.674
3	1.454	6.323	61.997	1.454	6.323	61.997
4	1.089	4.737	66.734	1.089	4.737	66.734
5	0.897	3.901	70.635			
6	0.746	3.245	73.879			

续表

解释的总方差						
成分	初始特征值			提取平方和载入		
	合计	方差（%）	累积（%）	合计	方差的（%）	累积（%）
7	0.669	2.910	76.790			
8	0.588	2.554	79.344			
9	0.534	2.321	81.665			
10	0.476	2.071	83.736			
11	0.459	1.996	85.731			
12	0.424	1.843	87.574			
13	0.409	1.779	89.354			
14	0.370	1.610	90.964			
15	0.352	1.532	92.496			
16	0.339	1.476	93.972			
17	0.292	1.269	95.241			
18	0.243	1.055	96.296			
19	0.220	0.955	97.250			
20	0.193	0.839	98.090			
21	0.181	0.788	98.878			
22	0.143	0.622	99.500			
23	0.115	0.500	100.000			

注：提取方法：主成分分析法。

表 3-8　创新产出因子变量解释贡献率

解释的总方差						
成分	初始特征值			提取平方和载入		
	合计	方差（%）	累积（%）	合计	方差的（%）	累积（%）
1	5.180	51.800	51.800	5.180	51.800	51.800
2	1.173	11.730	63.530	1.173	11.730	63.530
3	0.880	8.804	72.335			
4	0.660	6.597	78.931			

续表

解释的总方差						
成分	初始特征值			提取平方和载入		
	合计	方差（%）	累积（%）	合计	方差的（%）	累积（%）
5	0.562	5.618	84.549			
6	0.440	4.404	88.953			
7	0.344	3.436	92.389			
8	0.325	3.251	95.640			
9	0.251	2.514	98.154			
10	0.185	1.846	100.000			

注：提取方法：主成分分析法。

（七）测量模型验证性分析

路径模型的验证性因子分析是通过计量手段来验证基于理论基础之上的概念模型的方法。该方法依据观测数据对理论模型进行拟合，并在一定的原则下修正初始理论模型，是修正理论模型得到拟合观测数据的有力解释。其突出优点是可以对观测变量与潜变量、潜变量彼此之间的关系进行分析，并允许测量误差的存在。基于探索性因子分析结果，对银川市创新型试点城市创新景气影响因素的潜变量和测量变量构成的理论模型进行验证性分析，使用 AMOS21.0 软件完成。

1. 影响因素测量模型验证性因子分析

探索性分析之后，首先对创新环境四个维度 23 个因子的测量模型进行检验，形成路径模型标准化估计（见图 3-5）和系数估计摘要（见表 3-9）。

从图 3-5 和表 3-9 可以看出，对样本数据使用软件 AMOS21.0 对创新影响因素测量模型进行初步拟合后，误差方差不存在负方差；标准化估计的因子载荷未有超过 0.95 的值。因而，认为可以满足“违反估计”条件(邱皓政等，2009)。除基础设施环境中的“X_{21}—交通基础设施”的标准化因子载荷系数稍低于临界值 0.5 以外，其他各项指标均大于临界值，达到

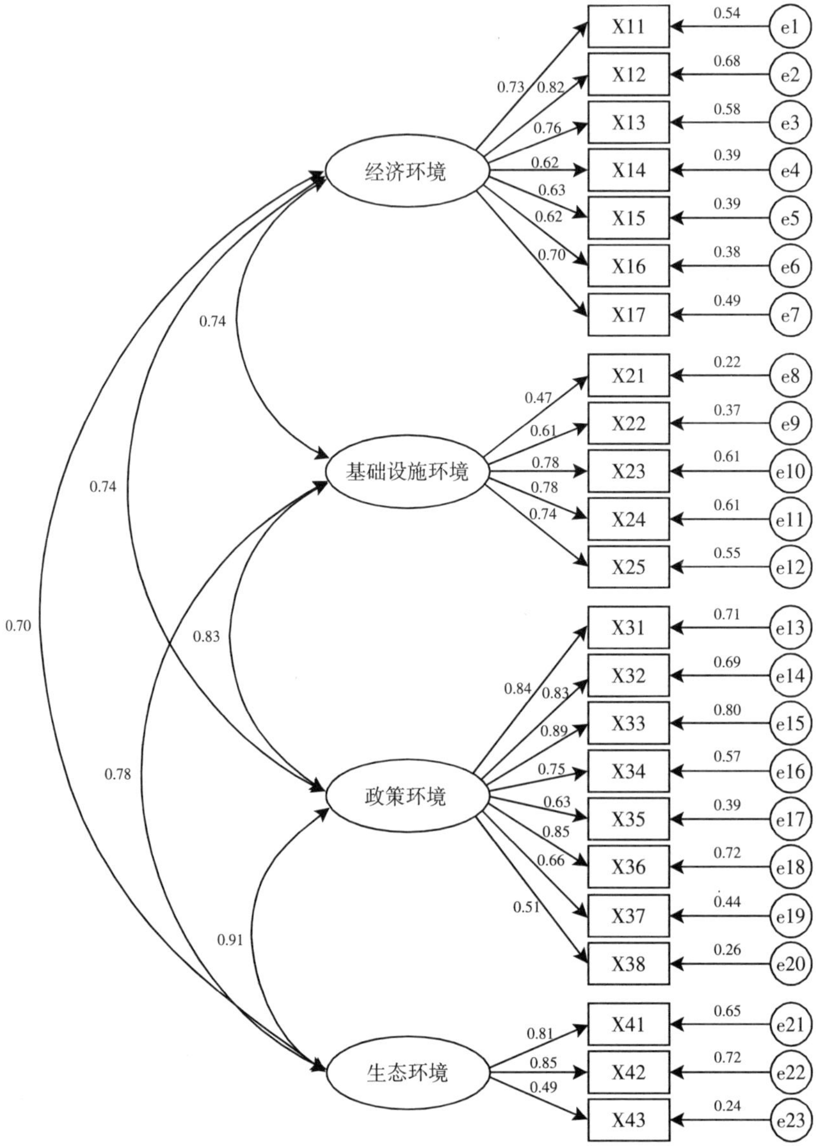

图 3-5 创新环境因素测量模型标准化估计

表 3–9　创新环境因素模型路径系数估计摘要

指标	路径	要素	Estimate	S. E.	C. R.	P
X11	<---	经济环境	0.732			
X12	<---	经济环境	0.822	0.092	11.342	***
X13	<---	经济环境	0.759	0.099	10.472	***
X14	<---	经济环境	0.623	0.110	8.559	***
X15	<---	经济环境	0.626	0.118	8.592	***
X16	<---	经济环境	0.615	0.102	8.443	***
X17	<---	经济环境	0.698	0.106	9.606	***
X21	<---	基础设施环境	0.469			
X22	<---	基础设施环境	0.609	0.221	5.824	***
X23	<---	基础设施环境	0.784	0.277	6.505	***
X24	<---	基础设施环境	0.780	0.272	6.493	***
X25	<---	基础设施环境	0.739	0.244	6.358	***
X31	<---	政策环境	0.842			
X32	<---	政策环境	0.830	0.065	14.824	***
X33	<---	政策环境	0.894	0.065	16.847	***
X34	<---	政策环境	0.754	0.066	12.775	***
X35	<---	政策环境	0.628	0.075	9.923	***
X36	<---	政策环境	0.849	0.066	15.420	***
X37	<---	政策环境	0.663	0.075	10.667	***
X38	<---	政策环境	0.513	0.079	7.745	***
X41	<---	生态环境	0.807			
X42	<---	生态环境	0.851	0.073	13.354	***
X43	<---	生态环境	0.493	0.091	7.011	***
政策环境	<-->	生态环境	0.908	0.056	7.815	***
基础设施环境	<-->	生态环境	0.784	0.040	5.185	***
经济环境	<-->	生态环境	0.699	0.045	6.351	***
经济环境	<-->	基础设施环境	0.737	0.034	4.994	***
基础设施环境	<-->	政策环境	0.829	0.042	5.373	***
经济环境	<-->	政策环境	0.740	0.047	6.786	***

注：*** 表示 $P<0.001$，** 表示 $P<0.01$。

可接受程度。

但理论模型适配度检验结果显示，残差均方根 RMR、近似误差均方根 RMSEA、拟合优度指数 GFI 等多个适配指标未满足模型适配度标准，表明理论模型与实际模型不相配（见表 3–10）。因此模型需要进行进一步的修正改进，以建立最好的模型。根据模型修正指标结果，表明部分观察变量测量误差存在较高共变性，因此从 M.I. 值最大的开始建立误差之间的关系并进行重新计算，直到模型达到预期效果。如表 3–11 所示。

表 3–10　整体模型拟合度的评价指标及标准

拟合指数	CMIN/DF	RMR	RMSEA	GFI	AGFI	NFI	CFI	IFI
拟合结果	3.680	0.067	0.097	0.727	0.677	0.758	0.825	0.826

表 3–11　创新环境路径模型修正指标

			M.I.	Par Change
e10	<-->	e11	54.207	0.187
e13	<-->	e15	35.300	0.087
e2	<-->	e3	27.889	0.102
e7	<-->	e8	17.799	0.140
e7	<-->	e17	15.035	0.112
e6	<-->	e22	15.081	0.083
e13	<-->	e14	13.308	0.057

运用 AMOS21.0 软件修正并重新进行计算估计，修正后的创新环境因素测量模型标准化估计如图 3–6 所示。

2. 基本适配性分析

（1）路径系数显著性检验。根据表 3–12 极大似然法估计的回归估计结果，对于临界比 C.R.，若绝对值大于 1.96，则参数估计达到 0.05 显著水平；若其绝对值大于 2.58，则参数估计达到 0.001 显著水平。估计结果中临界比对应 P 值均小于 0.001，模型回归估计显著性良好。

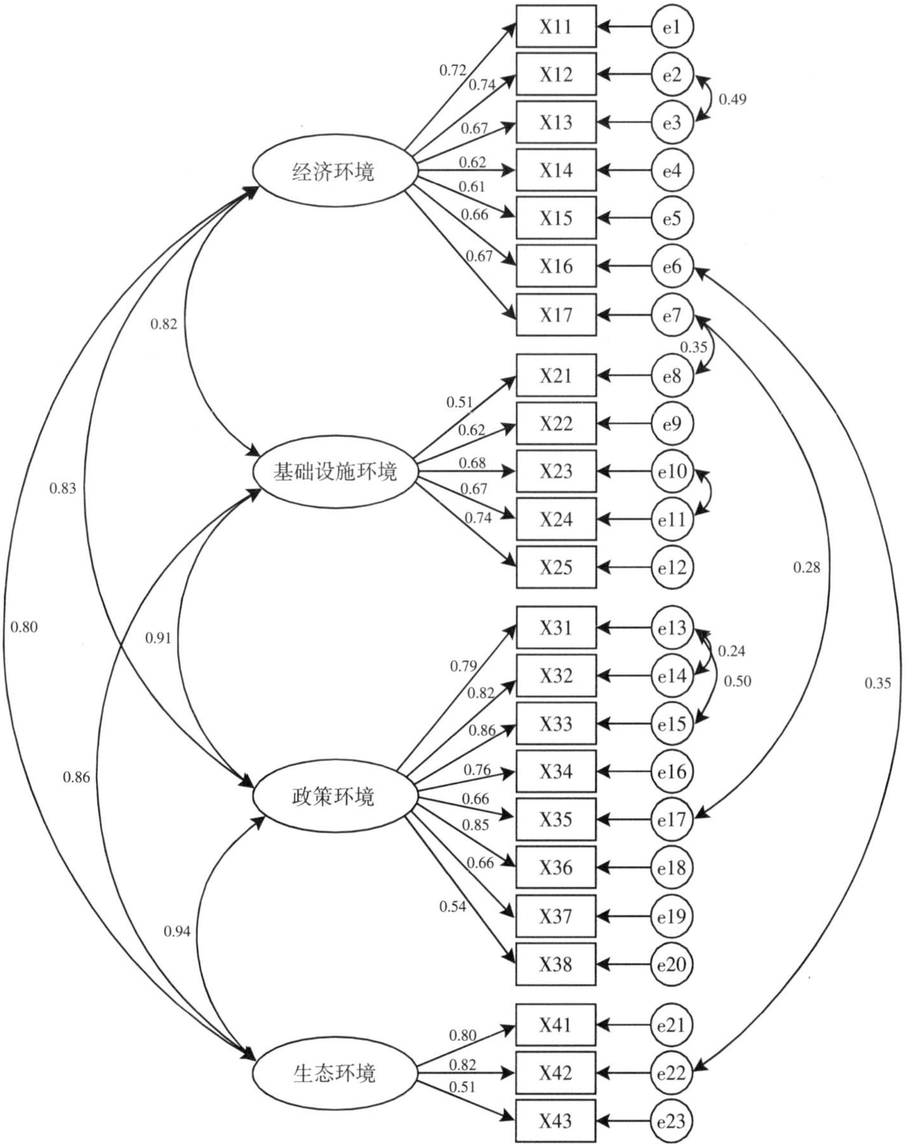

图 3-6　修正后创新环境因素测量模型标准化估计

表 3-12　创新影响因素模型路径系数估计摘要

误差变量	关系	要素变量	Estimate	S. E.	C. R.	P
X11	<---	经济环境	0.718			
X12	<---	经济环境	0.737	0.097	9.777	***
X13	<---	经济环境	0.667	0.105	8.850	***
X14	<---	经济环境	0.622	0.115	8.308	***
X15	<---	经济环境	0.611	0.124	8.157	***
X16	<---	经济环境	0.689	0.107	9.211	***
X17	<---	经济环境	0.671	0.109	9.019	***
X21	<---	基础设施环境	0.508			
X22	<---	基础设施环境	0.618	0.191	6.304	***
X23	<---	基础设施环境	0.675	0.217	6.615	***
X24	<---	基础设施环境	0.673	0.213	6.604	***
X25	<---	基础设施环境	0.769	0.211	7.054	***
X31	<---	政策环境	0.789			
X32	<---	政策环境	0.815	0.068	14.837	***
X33	<---	政策环境	0.863	0.058	19.522	***
X34	<---	政策环境	0.758	0.077	11.815	***
X35	<---	政策环境	0.657	0.084	9.969	***
X36	<---	政策环境	0.849	0.080	13.683	***
X37	<---	政策环境	0.679	0.085	10.308	***
X38	<---	政策环境	0.538	0.087	7.882	***
X41	<---	生态环境	0.802			
X42	<---	生态环境	0.817	0.071	12.735	***
X43	<---	生态环境	0.507	0.092	7.233	***
政策环境	<-->	生态环境	0.935	0.055	7.647	***
基础设施环境	<-->	生态环境	0.856	0.043	5.610	***
经济环境	<-->	生态环境	0.804	0.048	6.711	***
经济环境	<-->	基础设施环境	0.818	0.038	5.330	***
基础设施环境	<-->	政策环境	0.912	0.044	5.744	***
经济环境	<-->	政策环境	0.831	0.047	6.866	***

注：*** 表示 $P<0.001$，** 表示 $P<0.01$。

（2）量误差显著性检验。表 3–13 中为 26 个误差变量的测量残差变异量估计值，参数测量误差值均大于零且达到 0.05 显著性水平，变异标准误差在 0.024~0.069，未显现模型界定错误问题。模型基本适配性良好。

表 3–13　误差变量的测量残差变异量估计摘要

误差变量	Estimate	S. E.	C. R.	P
经济环境	0.347	0.061	5.638	***
基础设施环境	0.176	0.048	3.692	***
政策环境	0.442	0.067	6.625	***
生态环境	0.459	0.069	6.624	***
e1	0.326	0.038	8.636	***
e2	0.264	0.031	8.422	***
e3	0.375	0.042	8.908	***
e4	0.501	0.054	9.234	***
e5	0.597	0.064	9.285	***
e6	0.373	0.042	8.856	***
e7	0.406	0.045	9.050	***
e8	0.505	0.053	9.605	***
e9	0.411	0.045	9.199	***
e10	0.431	0.049	8.805	***
e11	0.420	0.048	8.818	***
e12	0.270	0.035	7.807	***
e13	0.268	0.029	9.130	***
e14	0.227	0.026	8.806	***
e15	0.197	0.024	8.179	***
e16	0.270	0.029	9.221	***
e17	0.407	0.042	9.608	***
e18	0.205	0.024	8.404	***
e19	0.398	0.042	9.548	***
e20	0.515	0.052	9.837	***
e21	0.255	0.033	7.761	***
e22	0.188	0.025	7.385	***
e23	0.582	0.060	9.695	***

注：*** 表示 $P < 0.001$，** 表示 $P < 0.01$。

3. 模型整体适配性检验

在依据结构方程理论的检验分析中，模型整体适配程度分析主要参考绝对适配度指标、相对适配度指标以及简约适配度指标评判。其中，绝对拟合性指标为旨在判断理论整体模型的共变性程度相对拟合性指标，主要包括代表观测矩阵与理论估计矩阵之间适配性的卡方值，反映潜在变量萃取能力的非统计量值适配度指标 GFI、AGFI 指标，非中央卡方适配度指标即近似误差均方根（RMSEA），反映模型整体残差情况的 RMR 指标等；相对拟合指标属于比较拟合指标，用于对不同理论模型进行比较，主要包括测量独立模型和设定模型之间卡方值的缩小比例的 NFI 指标，为克服 NFI 在嵌套模型上产生缺失的非中央性差异指标 CFI，增值适配指标 IFI 以及反映预设模型与观测数据整体适配度的 NNFI（TLI）指标；简约适配度指标则包括反映简约规范适配度的指标 PGFI，反映简约合理性的指标 PNFI，反映信息效果指标 PCFI，规范卡方值等。主要指标参考评判原则及模型结果见表 3-14。从检验结果可以看出，修正后的影响因素测量模型适配性良好，可以被接受。

表 3-14　创新环境路径模型整体适配性检验

指标类型	适配指标	标准	指标值	适配性判断
绝对适配度指标	P	P > 0.05	0.176	适配
	GFI	> 0.90	0.990	适配
	AGFI	> 0.90	0.941	适配
	RMR	< 0.05	0.01	适配
	RMSEA	< 0.05	0.02	适配
相对适配度指标	NFI	> 0.90	0.916	适配
	RFI	> 0.90	0.963	适配
	IFI	> 0.90	0.983	适配
	TLI	> 0.90	0.965	适配
	CFI	> 0.90	0.982	适配

续表

指标类型	适配指标	标准	指标值	适配性判断
简约适配度指标	PGFI	>0.50	0.639	适配
	PNFI	>0.50	0.713	适配
	PCFI	>0.50	0.790	适配
	CMIN / DF	<3	2.426	适配

（八）创新产出测量模型验证性因子分析

对创新产出的两个维度建立测量模型进行验证性因子分析，形成路径模型标准化估计图，根据分析结果经过两次修正之后得到修正后的投入产出测量模型标准化估计如图 3-7 所示。

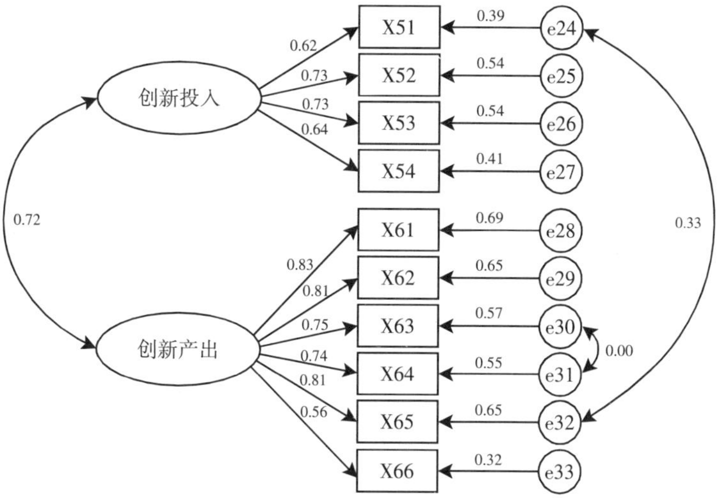

图 3-7　创新影响因素测量模型标准化估计

1. 基本适配性分析

（1）路径系数显著性检验。表 3-15 为极大似然法估计的回归估计结果，估计结果中临界比对应 P 值均小于 0.001，模型回归估计显著性良好。

表 3-15　投入产出因素测量模型路径系数估计摘要

变量	路径	要素	Estimate	S. E.	C. R.	P
X51	<---	创新投入	0.625			
X52	<---	创新投入	0.732	0.150	7.905	***
X53	<---	创新投入	0.732	0.129	7.904	***
X54	<---	创新投入	0.639	0.120	7.218	***
X61	<---	创新产出	0.830			
X62	<---	创新产出	0.808	0.076	13.091	***
X63	<---	创新产出	0.754	0.076	11.885	***
X64	<---	创新产出	0.740	0.074	11.579	***
X65	<---	创新产出	0.807	0.070	13.152	***
X66	<---	创新产出	0.563	0.088	8.274	***
创新投入	<-->	创新产出	0.722	0.052	5.877	***

注：*** 表示 P < 0.001，** 表示 P < 0.01。

（2）量误差显著性检验。表 3-16 中为 7 个误差变量的测量残差变异量估计值，参数测量误差值均大于零且达到 0.05 显著性水平，变异标准误差在 0.027~0.082，未显现模型界定错误问题。模型基本适配性良好。

表 3-16　投入产出因素测量模型误差项估计摘要

	Estimate	S. E.	C. R.	P
创新投入	0.374	0.082	4.554	***
创新产出	0.476	0.068	7.015	***
e24	0.584	0.068	8.628	***
e25	0.456	0.062	7.393	***
e26	0.339	0.046	7.394	***
e27	0.407	0.048	8.493	***
e28	0.215	0.029	7.487	***
e29	0.251	0.032	7.874	***
e30	0.293	0.035	8.482	***
e31	0.284	0.033	8.598	***

续表

	Estimate	S. E.	C. R.	P
e32	0.214	0.027	7.886	***
e33	0.542	0.057	9.564	***

注：*** 表示 $P<0.001$，** 表示 $P<0.01$。

2. 模型整体适配性检验

创新产出测量模型验证性分析适配性检验主要指标参考评判原则及模型结果见表 3–17。从检验结果可以看出创新投入产出测量模型仅有 AGFI 值为 0.898，较接近适配度良好标准值 0.9，且其他指标均达到标准，因此可以判断模型适配性良好，可以被接受。

表 3–17　路径模型整体适配性检验

指标类型	适配指标	标准	指标值	适配性判断
绝对适配度指标	P	P > 0.05	0.101	适配
	GFI	> 0.90	0.953	适配
	AGFI	> 0.90	0.898	不适配
	RMR	< 0.05	0.019	适配
	RMSEA	< 0.05	0.016	适配
相对适配度指标	NFI	> 0.90	0.969	适配
	RFI	> 0.90	0.946	适配
	IFI	> 0.90	0.979	适配
	TLI	> 0.90	0.964	适配
	CFI	> 0.90	0.979	适配
简约适配度指标	PGFI	> 0.50	0.608	适配
	PNFI	> 0.50	0.554	适配
	PCFI	> 0.50	0.560	适配
	CMIN / DF	< 3	2.883	适配

二、银川市景气演化路径模型

（一）模型建立

在结构方程模型中，测量模型主要建立潜在变量如何由观察变量反映其特质，结构模型主要界定潜在变量之间的假设关系（见图 3-8）。根据上文创新景气演化路径分析及测量模型的验证，构建银川市景气演化路径模型，并提出可能的假设。

上述模型假设如下：

H1：创新经济环境对创新投入有直接正相关影响；

H2：创新经济环境对创新产出有直接正相关影响；

H3：基础设施环境对创新投入有直接正相关影响；

H4：基础设施环境对创新产出有直接正相关影响；

H5：创新政策环境对创新投入有直接正相关影响；

H6：创新政策环境对创新产出有直接正相关影响；

H7：生态环境对创新投入有直接正相关影响；

H8：生态环境对创新产出有直接正相关影响；

H9：创新投入对创新产出有直接正相关影响；

H10：创新投入有直接对创新景气状态产生影响；

H11：创新产出有直接对创新景气状态产生影响。

（二）模型检验

根据模型假设及测量模型，运用 AMOS24 软件对银川市创新影响因素路径模型进行绘图并进行检验，初次检验结果如图 3-9 所示。

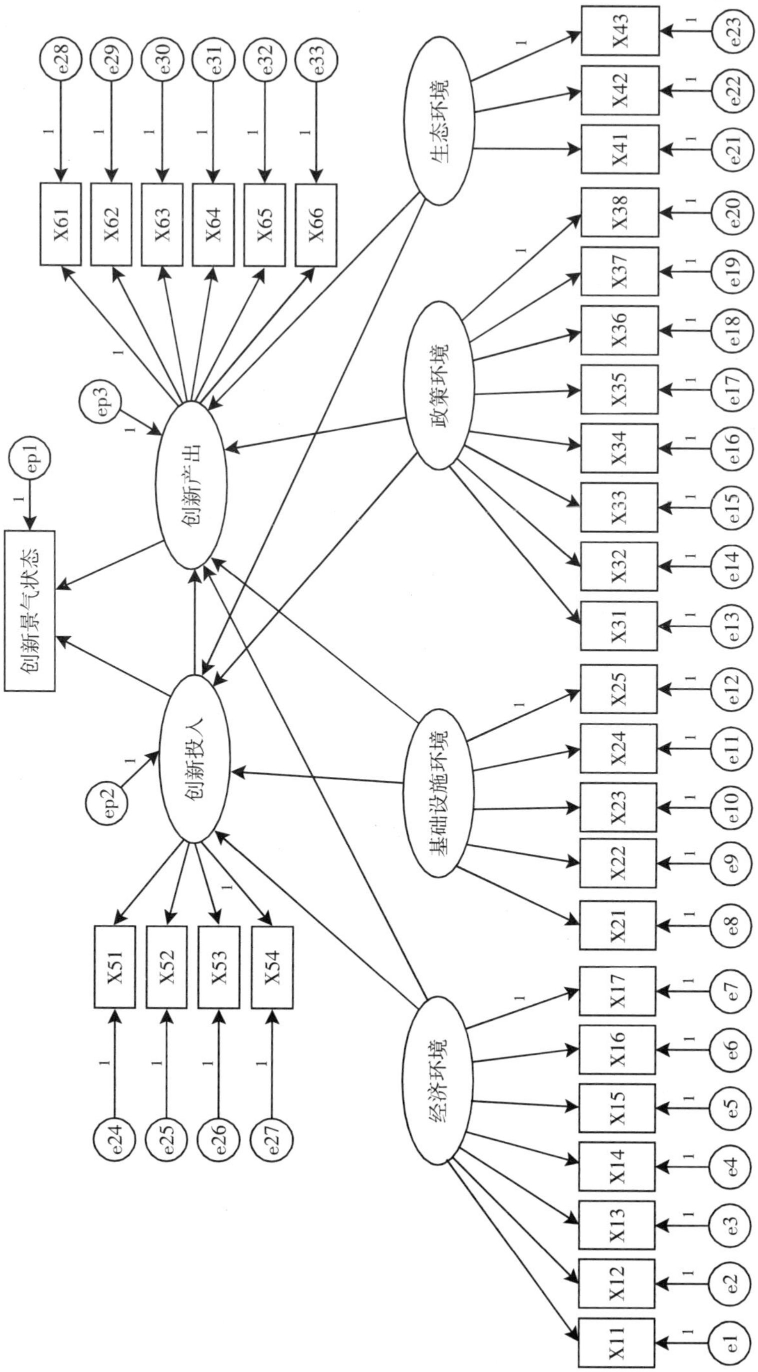

图 3-8　创新景气演化路径概念模型

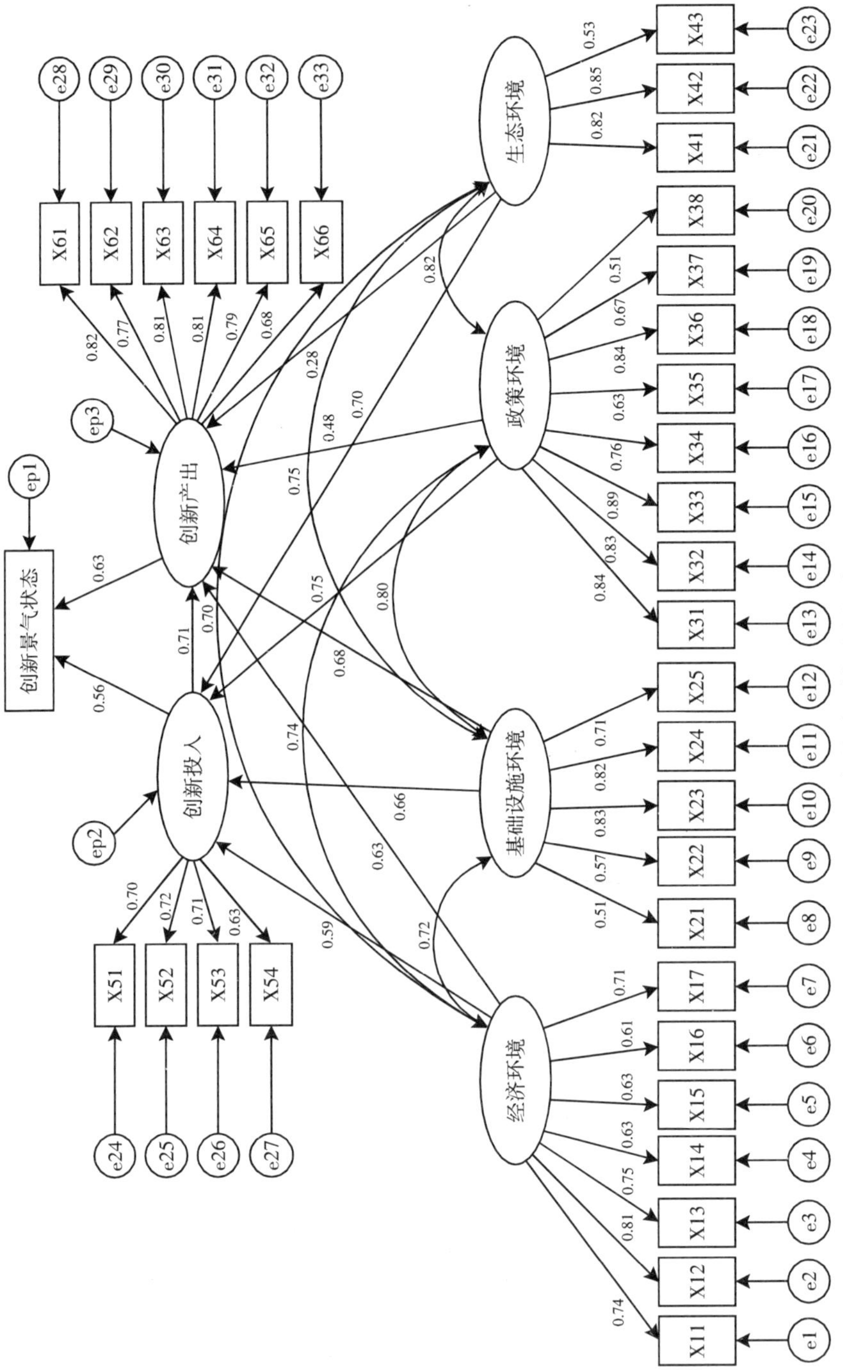

图 3-9 初始关系模型路径检验结果

所构建结构模型分析得到的路径、路径系数值以及拟合参数结果见表3-18。

表 3-18　初始关系模型路径系数估计摘要

路径			Estimate	S. E.	C. R.	P
创新投入	<---	经济环境	0.591	0.093	6.668	**
创新投入	<---	基础设施环境	0.658	0.201	0.703	***
创新投入	<---	政策环境	0.750	0.205	1.280	***
创新投入	<---	生态环境	0.422	0.113	0.655	0.004
创新产出	<---	经济环境	0.635	0.098	5.999	***
创新产出	<---	基础设施环境	0.674	0.102	2.890	**
创新产出	<---	政策环境	0.701	0.182	0.249	***
创新产出	<---	生态环境	0.283	0.176	0.053	0.203
创新景气状态	<---	创新投入	0.564	0.100	2.184	0.001
创新景气状态	<---	创新产出	0.629	0.156	1.273	***

注：*** 表示 $P<0.001$，** 表示 $P<0.01$。

从表 3-18 可以看到，“生态环境→创新产出”标准化路径系数较小，且临界比值 C. R. 比较小，统计不显著；观察适配性指标大多未达到适配标准，因此模型需要进一步修正。

表 3-19　整体模型拟合度的评价指标及标准

拟合指数	CMIN/DF	RMR	RMSEA	GFI	AGFI	NFI	CFI	IFI
拟合结果	2.773	0.059	0.093	0.716	0.668	0.760	0.830	0.832

（三）模型修正

初始模型不能非常精确地反映银川市创新影响路径模型，因此对初始模型进行逐步修正：

（1）删除“生态环境→创新产出”路径进行第一次修正。

（2）根据修正指标结果表从 M. I. 值最大的开始建立误差之间的关系进行重新计算。

最终得到一个较为理想的影响因素路径模型，如图 3–10 所示。

（四）模型适配性分析

1. 基本适配性分析

（1）路径系数显著性检验。表 3–20 为极大似然法估计的回归估计结果，估计结果中“经济环境→创新投入、基础设施环境→创新投入、生态环境→创新投入”三条路径临界比对应 P 值均小于 0.05，其余小于 0.01，模型回归估计显著性良好。

（2）测量误差显著性检验。表 3–21 中为各误差变量的测量残差变异量估计值，参数测量误差值均大于零且达到 0.05 显著性水平，变异标准误差在 0.071~0.699，未显现模型界定错误问题。模型基本适配性良好。

2. 模型整体适配性检验

创新产出测量模型验证性分析适配性检验主要指标参考评判原则及模型结果见表 3–22。

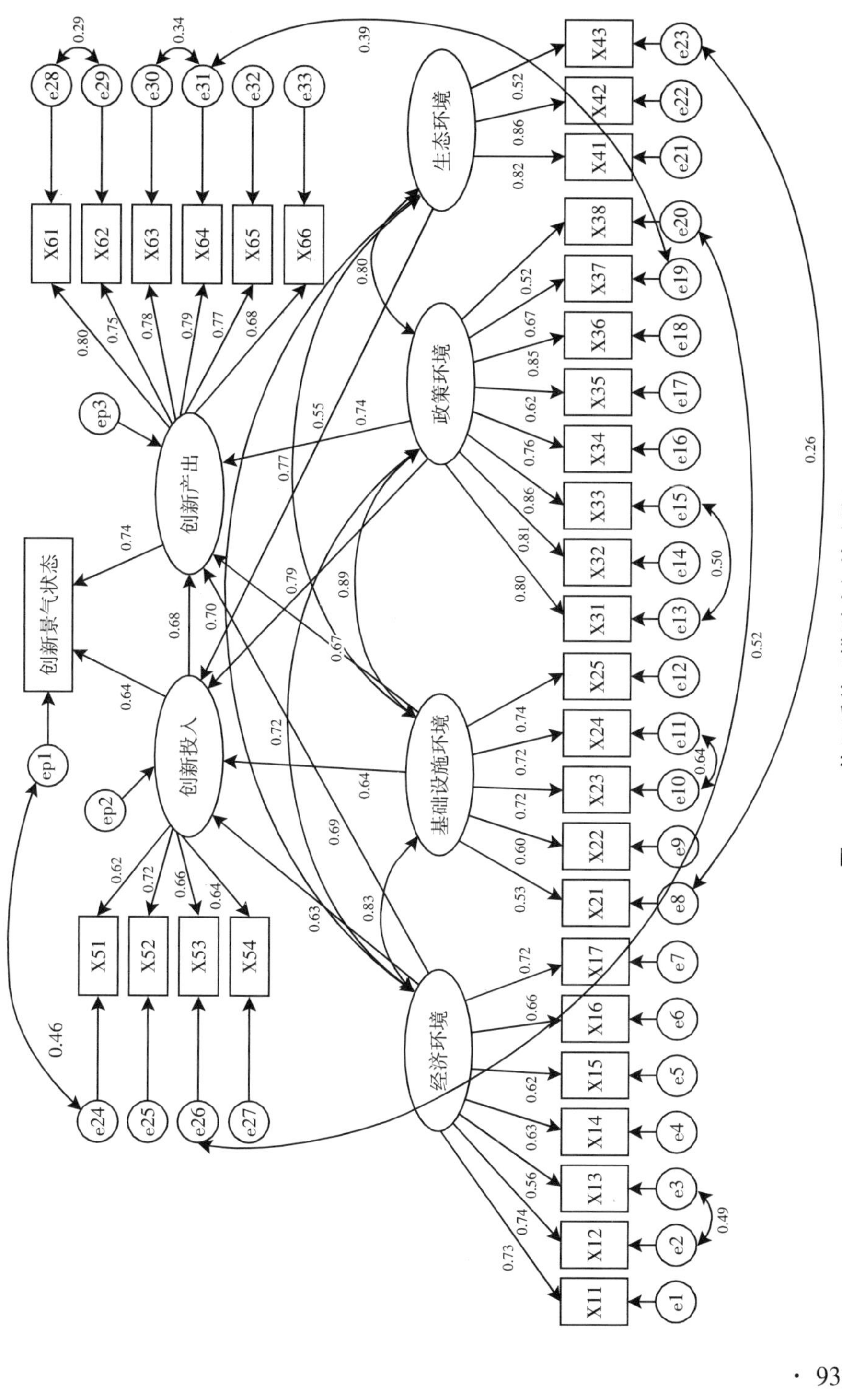

图 3-10 修正后关系模型路径检验结果

表 3-20 创新影响因素模型路径系数估计摘要

路径			Estimate	S. E.	C. R.	P
创新投入	<---	经济环境	0.631	0.135	2.102	0.002
创新投入	<---	基础设施环境	0.639	0.286	2.566	0.001
创新投入	<---	政策环境	0.742	0.533	-1.155	**
创新投入	<---	生态环境	0.550	0.376	0.914	0.002
创新产出	<---	经济环境	0.691	0.142	1.171	**
创新产出	<---	基础设施环境	0.667	0.374	0.962	***
创新产出	<---	政策环境	0.743	0.699	-1.163	***
创新产出	<---	创新投入	0.682	0.259	-0.487	**
X61	<---	创新产出	0.804			
X62	<---	创新产出	0.748	0.066	14.654	***
X63	<---	创新产出	0.780	0.075	12.856	***
X64	<---	创新产出	0.793	0.069	13.146	***
X65	<---	创新产出	0.771	0.071	12.765	***
X17	<---	经济环境	0.716			
X16	<---	经济环境	0.663	0.098	8.968	***
X15	<---	经济环境	0.619	0.114	8.320	***
X66	<---	创新产出	0.680	0.087	9.278	***
X54	<---	创新投入	0.648			
X53	<---	创新投入	0.657	0.128	7.937	***
X52	<---	创新投入	0.724	0.162	8.334	***
X51	<---	创新投入	0.620	0.155	7.414	***
X14	<---	经济环境	0.631	0.106	8.510	***
X13	<---	经济环境	0.565	0.097	8.918	***
X12	<---	经济环境	0.744	0.089	9.969	***
X11	<---	经济环境	0.727	0.096	9.803	***
X25	<---	基础设施环境	0.738			
X24	<---	基础设施环境	0.722	0.105	9.967	***
X23	<---	基础设施环境	0.723	0.107	9.995	***
X22	<---	基础设施环境	0.601	0.099	8.229	***

续表

路径			Estimate	S. E.	C. R.	P
X21	<---	基础设施环境	0.529	0.099	6.751	***
X38	<---	政策环境	0.520			
X37	<---	政策环境	0.675	0.178	7.236	***
X36	<---	政策环境	0.851	0.200	8.156	***
X35	<---	政策环境	0.616	0.175	7.117	***
X34	<---	政策环境	0.760	0.176	7.717	***
X33	<---	政策环境	0.857	0.206	8.212	***
X32	<---	政策环境	0.811	0.188	8.000	***
X31	<---	政策环境	0.803	0.191	7.915	***
X43	<---	生态环境	0.524			
X42	<---	生态环境	0.864	0.225	7.120	***
X41	<---	生态环境	0.818	0.238	7.018	***
创新景气状态	<---	创新投入	0.644	0.199	5.479	**
创新景气状态	<---	创新产出	0.739	0. 122	1.138	***

注：*** 表示 $P<0.001$，** 表示 $P<0.01$。

表 3-21　创新影响因素模型误差项估计摘要

	Estimate	S. E.	C. R.	P
经济环境	0.333	0.064	5.205	***
基础设施环境	0.418	0.066	6.295	***
政策环境	0.538	0.072	7.493	***
生态环境	0.294	0.058	5.079	***
ep2	0.141	0.023	6.063	***
ep3	0.054	0.015	3.620	***
e28	0.392	0.044	8.860	***
e29	0.341	0.040	8.477	***
e30	0.518	0.053	9.844	***
e31	0.541	0.060	9.021	***
e32	0.568	0.062	9.218	***

续表

	Estimate	S. E.	C. R.	P
e7	0.293	0.034	8.687	***
e6	0.269	0.032	8.422	***
e5	0.289	0.034	8.459	***
e33	0.278	0.034	8.226	***
e27	0.197	0.025	7.923	***
e26	0.182	0.025	7.395	***
e25	0.185	0.023	7.988	***
e24	0.226	0.028	8.129	***
e4	0.184	0.022	8.213	***
e3	0.271	0.030	8.968	***
e2	0.207	0.025	8.434	***
e1	0.145	0.018	7.947	***
e12	0.191	0.024	7.816	***
e11	0.190	0.023	8.234	***
e10	0.210	0.025	8.400	***
e9	0.419	0.045	9.256	***
e8	0.266	0.030	9.011	***
e20	0.382	0.042	9.177	***
e19	0.262	0.030	8.831	***
e18	0.356	0.039	9.030	***
e17	0.487	0.052	9.317	***
e16	0.580	0.062	9.344	***
e15	0.374	0.041	9.131	***
e14	0.370	0.042	8.858	***
e13	0.452	0.047	9.544	***
e23	0.322	0.035	9.109	***
e22	0.465	0.049	9.558	***
e21	0.552	0.057	9.616	***
ep1	0.380	0.046	8.248	***

表 3-22　创新影响因素模型整体适配性检验

指标类型	适配指标	标准	指标值	适配性判断
绝对适配度指标	P	p>0.05	0.09	适配
	GFI	>0.90	0.964	适配
	AGFI	>0.90	0.919	适配
	RMR	<0.05	0.019	适配
	RMSEA	<0.05	0.031	适配
相对适配度指标	NFI	>0.90	0.913	适配
	RFI	>0.90	0.990	适配
	IFI	>0.90	0.988	适配
	TLI	>0.90	0.974	适配
	CFI	>0.90	0.987	适配
简约适配度指标	PGFI	>0.50	0.642	适配
	PNFI	>0.50	0.727	适配
	PCFI	>0.50	0.793	适配
	CMIN/DF	<3	2.198	适配

三、研究结论与启示

（一）主要研究结论

1. 创新环境与创新投入之间的作用关系

对银川市创新环境因素分了 4 个维度共 23 个因子进行调查分析，检验之后 23 个因子均得到了验证性支持。建立理论模型时假设创新环境四个维度均对创新投入有直接作用关系，通过最终创新景气演化路径模型验证，四个假设（H1，H3，H5，H7）均得到验证支持，经济环境、基础设施环境、政策环境和生态环境对创新投入影响的标准化路径系数分别为0.63、0.64、0.74和0.55，说明银川市的创新投入会受到城市创新环境的较大影响。

2. 创新环境与创新产出之间的作用关系

建立理论模型时，假设创新环境四个维度对创新产出均有直接作用关系，通过创新景气演化路径模型验证得出，经济环境、基础设施环境、政策环境对创新产出的标准化路径系数分别为0.69、0.67和0.74，假设H2、H4、H6得到了验证性支持。从初始路径关系模型路径检验结果可以看到，生态环境对创新产出的影响路径标准化系数仅为0.28，不够显著，原假设H8生态环境对创新产出有直接正相关影响不予支持。当然，这也可能是人们长期生活在银川市，对环境影响没有明显感知所致，随着环保意识的增强，或者跨区域人口流动性增加，这种认知将发生变化。

3. 创新投入和创新产出共同推进创新景气状态变化演进

创新投入和创新产出对创新景气状态的影响路径系数分别达到了0.64和0.74，表明银川市在西部创新型城市景气演化过程中，受到了创新投入和创新产出的共同直接作用，创新产出影响较创新投入直接作用更大；创新产出还受到创新投入的直接影响，路径系数达到0.68，因此创新投入对创新景气状态不仅有直接影响作用，还通过创新产出产生间接影响；创新环境通过作用于创新投入和创新产出间接推动创新景气状态的变化，创新投入受到经济环境、基础设施环境、政策环境和生态环境的影响作用，创新产出受到经济环境、基础设施环境、政策环境，其中政策环境对投入产出影响作用最大。

（二）管理启示

根据银川市创新景气演化路径模型研究，银川市的创新景气状态受创新投入和创新产出要素的直接作用、创新环境要素的间接作用影响。提升城市创新景气度，可以通过以下途径：

1. 增加创新产出是提升银川市景气度的最直接途径

专利产出、科技论文产出、新产品产出、高技术产业发展、技术市场成交量以及能源消耗的降低等创新产出指标，尤其前四个指标，对城市创新景气度的影响最为直接和明显。关于这一点，在区域创新绩效评价领域的相关研究中，得到了充分的体现：在深圳南山区科技创新景气的研究中，将专利申请数作为衡量城市创新景气度的基准指标，将新产品与高技术产出、高技术产业发展的投入与效益等作为衡量城市创新景气度的一致性指标；在国家统计局发布的“中国创新评价指标体系”中，也将以上方面的因素作为衡量创新产出成效的基本指标。因此，对于管理部门而言，抓措施落实和工作目标实现，最终的落脚点应该体现对以上创新产出指标的改善。

2. 加大创新投入是提升创新产出水平的基础性途径

从资源投入的角度，创新投入包括人力资源、经费投入以及固定资产等。

（1）人力资源投入包括即期人力资源投入（用“研发人员投入”指标反映）和潜在人力资源储备（用“学生储备力量”指标反映），即期人力资源投入，是当前创新产出的基础；潜在人力资源储备是创新活力的源泉，是持续性创新的潜在生力军，是持续创新产出的来源。

（2）经费投入主要包括研发资金投入和教育经费投入，其中投入到企业、科研院所的研发经费是促进创新产出增加的直接驱动力；教育经费投入相对间接，相对于研发资金投入属于超前投入，是对未来创新产出产生影响的潜在资本投入。出于实现创新产出的目标，重视研发人员投入和经费投入固然是正确的，但想要获得持续性创新产出，不仅需要重视即期资源的投入，更要注重超前性教育资源的投入。

3. 优化创新发展环境是激发创新活力的根本途径

如果将一个城市甚至区域的创新比作前行的舟，那么创新发展环境就是载舟之水，它是决定创新活力与发展水平的根本。这里的创新发展环境，属于创新生态的范畴，涵盖了创新价值链的不同环节（创意的产生、创意转化以及创意推广）产生重大影响的经济环境、生态环境和文化环境等因素。区域经济环境对创新发展最直接的影响则体现在对创新相关经费投入、创新人才收入水平方面，间接的影响因素如居民消费水平、消费方式、产业结构等，不仅是创意产生的动因，更影响到创意转化的效率；创新生态环境逐渐成为人们生活的基本需求，最直接的影响是对创新人才资源的集聚的作用，间接的影响到其他创新资源的集聚，从而影响到创业价值链各环节的资源配置；文化环境是对创新主体意识层面产生影响的各种因素的综合，涵盖管理部门、企业及科研机构等主体在价值观念、思维模式、行为规则、制度体系、精神氛围等因素，它尤其是创意发生发现的土壤，是激发创新主体活力的内在因素。

第四章　银川市城市创新能力动力学演进机制研究

创新系统理论认为（国家的或区域的）创新能力的产生不完全依赖于单个主体（企业、大学、研究机构、政府、各类商业组织等），还依赖于由这些主体及其相互关系组成的系统。创新生态系统更加突出创新主体要素之间的互动性和创新主体要素对外部创新环境紧密的依赖性，把“创新”看成是一个内容更为丰富、联系更加紧密、结构更加复杂、整体愈加优化的复杂的开放的自组织系统。对于创新生态系统而言，核心技术、企业、高校、科研院所、供应商、消费者以及各种环境（自然、经济和社会环境等）构成了系统的要素体系，以创新价值实现为目的而形成创新网络、“技术—产品—市场”价值链组成的有机整体，不同创新主体既竞争又合作，形成了创新生态系统的运行机制。

一、创新景气指数关键要素演进与城市创新机理分析

前面有关城市创新景气指数的研究，犹如对肌体的体检后得出的健康状态所建立的指数系统，是对当前肌体发展状态的指数化反映；但我们仅

凭对指数涨落、创新景气度演进的路径认知，并不能系统、量化地掌握城市创新行为与能力提升的机制。因此，本章从研究城市创新行为主体出发，在前面几章关于城市创新景气指数研究基础上，重构银川市创新能力要素系统，对城市创新的演进、反馈机理展开研究，从而为做到科学管理决策，系统有效协调城市创新的资源要素，实现城市可持续发展。

（一）城市创新行为关键要素系统演进关系

城市创新景气是城市创新发展状态的表征，也可以认为是城市创新能力综合情况的晴雨表。在前述城市创新景气指标构建过程中，根据创新系统的内外因关系，将城市创新景气指数指标划分为创新环境、创新投入和创新产出 3 个方面。但在实际的城市创新行为过程中，从城市创新行为的动力系统视角分析，根据创新生态理论，按系统行为的主体，将城市创新行为的关键要素系统解构为政府子系统行为、企业子系统行为、科研与教育子系统、科技金融生态子系统和经济环境子系统，各子系统是相对独立的反馈系统，其之间相互发生作用，共同促进了城市创新行为的演进。如图 4-1 所示。

1. 政府子系统反馈机制分析

政府子系统从意识培育、政策指引以及资源支配等方面，直接对城市的创新状态以及潜在的创新能力产生重大影响。政府对城市创新的重视程度，体现为重大指引政策的出台，相关政策的出台直接影响到城市科研投入支出与科技金融支持增强，进而影响了创新产出水平，而创新产出在经济增长中的贡献又会强化政府的重视程度。如此循环，形成政府行为在城市创新系统中的因果反馈机制。如图 4-2 所示。

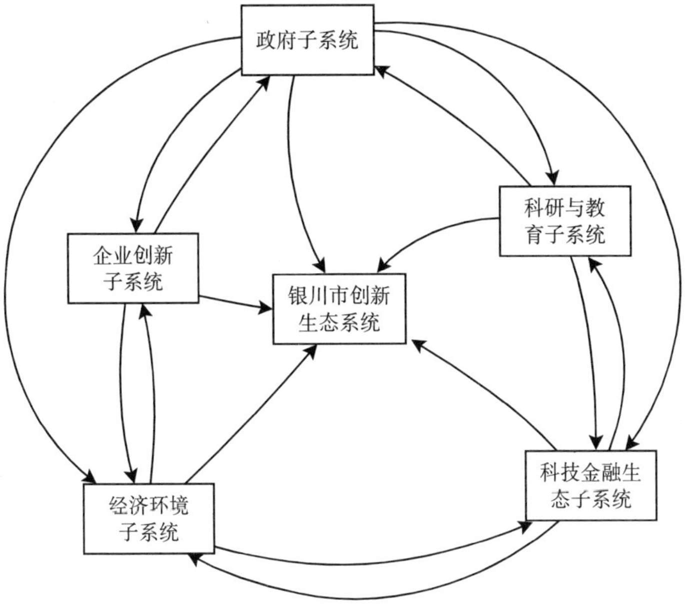

图 4-1 银川市创新生态系统

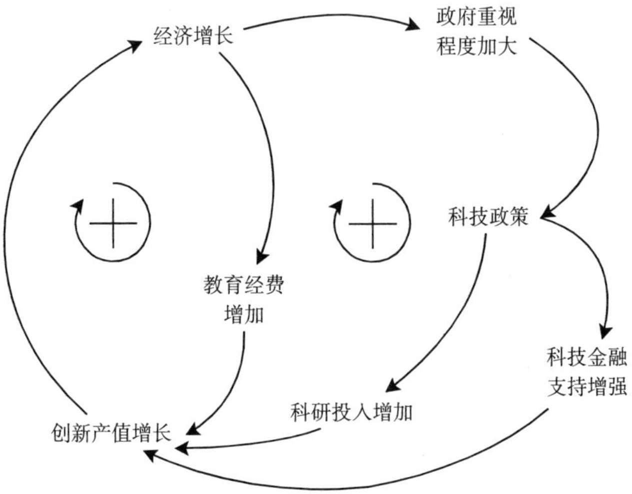

图 4-2 政府子系统在城市创新系统中的因果反馈关系

2. 企业子系统反馈机制分析

企业是推动城市创新的基础单元，一个城市具有创新能力的企业的质量和数量，是影响城市创新能力、最终反映为城市创新景气状态的基础因素之一。尤其在企业创新过程中发挥着引擎作用的科研经费投入、研发人员（尤其是高技术产业从业人员），都是决定创新产出的重要因素。根据银川市企业创新统计数据，分析其反馈回路，如果将企业科研经费投入、高技术产业从业人员因素视为创新的初始动力因素，那么科研经费投入和高技术从业人员的增加将会促进创新成果的增加，而创新成果本身又直接影响到创新产值的提升。此外，技术引进会对科研经费投入产生负向的影响，技术引进越多，所耗费资源将挤占科研投入经费越大；环境的宜居性会对高技术产业从业人员产生正向的影响，环境越宜居，对高技术人员的吸引力越大；产学研合作对科研机构的产出有促进作用，产学研合作机制越高效，对企业科研机构创新成果产出的正反馈效应越大。如图 4-3 所示。

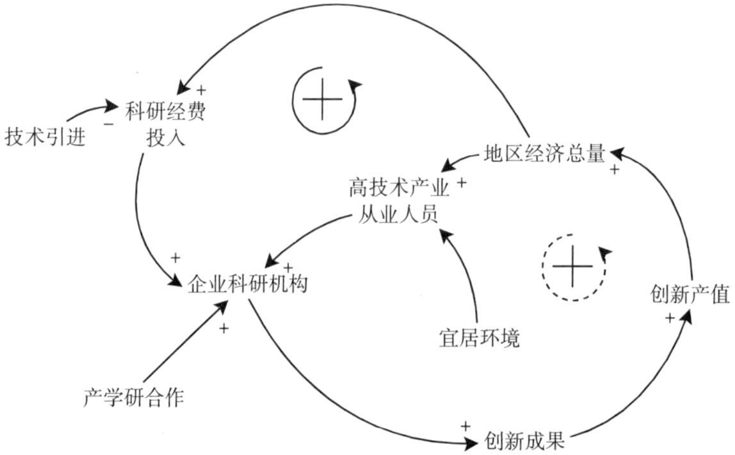

图 4-3 企业子系统在城市创新系统中的因果反馈关系

3. 科研与教育子系统反馈机制分析

科研院所与高等教育是创新的源头，但存在滞后性。高等教育与科研院所的研究，输出为实质性的经济产出，需要一个转化过程。通常地区经济越发达，教育科研经费投入越大，支撑建设一批重点实验室与创新中心的机会越大，自然会形成更多的科研成果产出，这些科研成果通过直接或间接的过程转化为创新产值，进一步为地区经济发展提供可持续动力。值得注意的是，科研院所的科研产出效率受产学研合作、高校科研人员数量以及在校研究生等因素的影响，通常高校科研人员数量和在校研究生数量越多，所依托的重点实验室和创新中心的创新成果越多；产学研合作程度越高，创新产出效率越高。如图 4-4 所示。

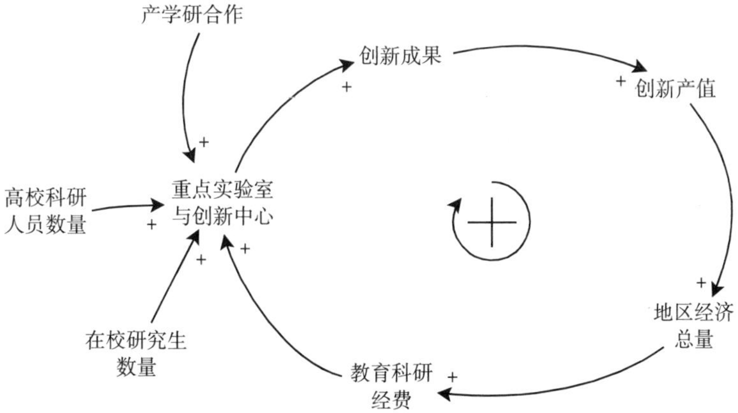

图 4-4　科研与教育子系统在城市创新系统中的因果反馈关系

4. 科技金融生态子系统反馈机制分析

金融是经济运行的血脉。科技的发展，没有金融支持或者金融环境不够完善，都将严重阻碍科技创新的发展。在政府管理部门出台一系列科技金融政策引导下，会促进科技金融环境的改善，表现为创新企业所获得科技信贷余额的增加，进一步地会吸引更多的风险投资进入，风险资本的特性将促进科技型企业在资本市场获得更大的筹资，从而大幅提升创新成果的转化能力，形成更多的创新产出，提高经济总量的科技贡献率；反过来，地区经济总量中科技贡献率的提升，会引起管理部门对科技发展的进一步重视，从而促进出台更多的科技金融政策。如图 4-5 所示。

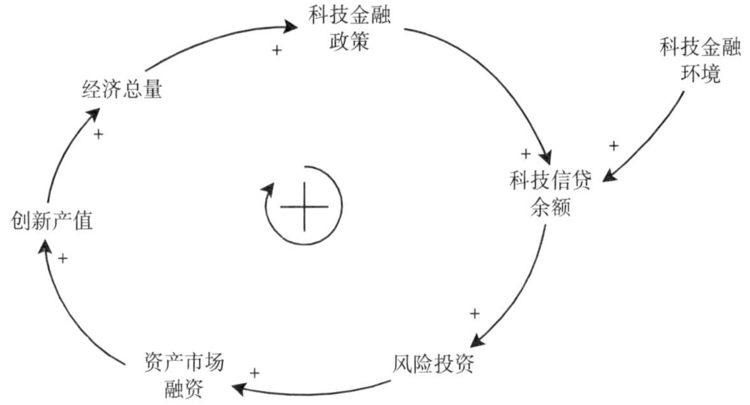

图 4-5 科技金融生态子系统在城市创新系统中的因果反馈关系

5. 经济环境子系统反馈机制分析

城市创新系统，离不开经济发展的大环境。在我国城镇化进程不断加快，产业结构调整出现成效背景下，居民消费的地区经济发展的贡献不仅仅表现为经济总量的增长，更反映在对创新的驱动方面。统计分析发现，第三产业比重的增大，是人们不断提升的需求的结果，更是日益发展的个性化需求的结果，在促进产业结构变化的同时，也有力地促进了创新的发展，体现为创新成果的增加和创新产值的提升，从而提升创新对经济增长的驱动力；同样的，经济的发展会促进居民收入的提高，进一步转化为更高水平的消费需求，又进一步驱动创新能力提升。如图 4-6 所示。

（二）城市创新动力学演进反馈机制

以上政府子系统行为、企业子系统行为、科研与教育子系统、科技金融生态子系统和经济环境子系统，各子系统自身存在自我反馈的演进机制，同时各子系统之间也存在相互的动态作用关系，正是这种多级、动态的系统作用，促使了城市创新行为演进规律的复杂性。将以上各子系统动态自身反馈演进的机制与各系统之间的作用机制进行通盘综合考虑，构建

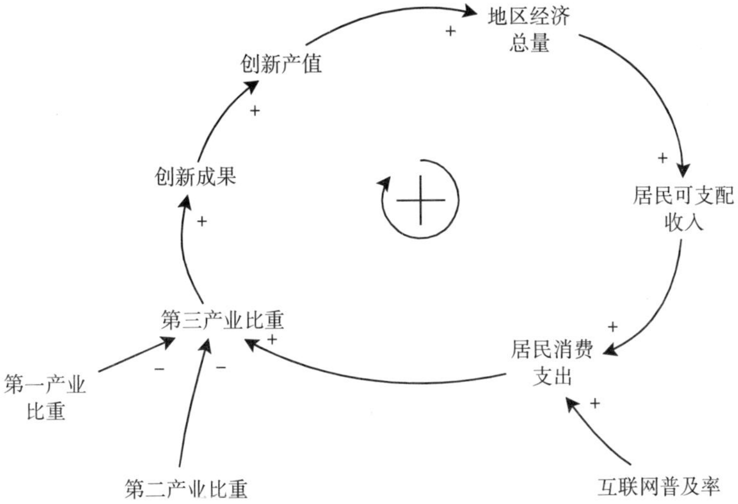

图 4-6 经济环境子系统在城市创新系统中的因果反馈关系

如下“城市创新动力学演进的反馈因果回路”图，以反映城市创新的演进机制。如图 4-7 所示。

二、银川市创新系统动力学建模仿真与系统行为分析

在前一部分城市创新动力学演进的因果反馈分析基础上，建立银川市创新系统动力学仿真模型，并根据模型进行政策分析。

（一）银川市创新动力学演进模型构建

根据前述城市创新系统动力学演进因果反馈回路分析，构建系统动力学模型流图，模型由创新成果、创新产值、科研经费投入、教育科研投入以及科技信贷余额 5 个水平变量，41 个辅助变量和 12 个控制常量构成。

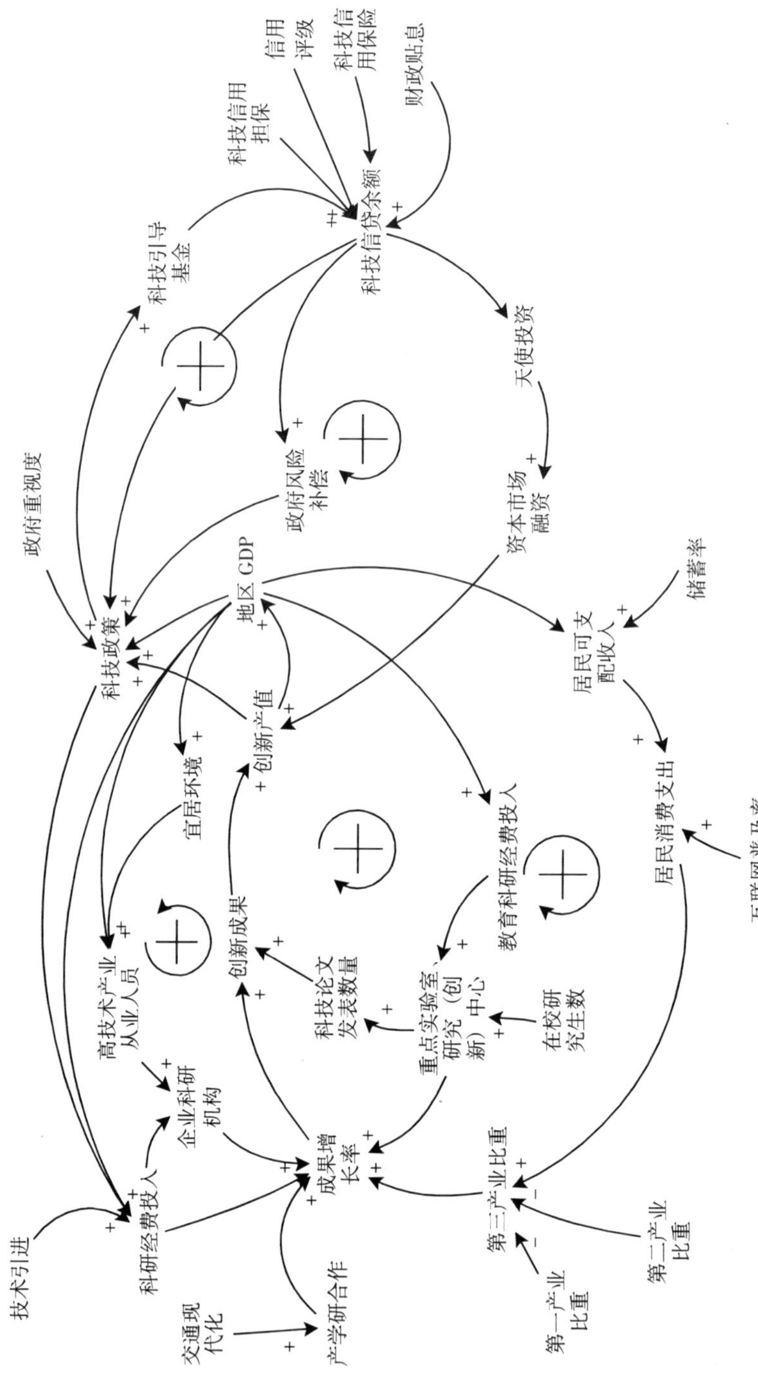

图 4-7 银川市城市创新动力学因果反馈关系

如图 4-8 所示。

根据系统动力学的基本原理和方法，可以建立银川市创新城市系统动力学 SD 方程。主要的 SD 方程如下：

（1）创新产值=INTEG（创新产值年增加，0）。水平变量方程，创新产值是创新产值每年增量的积分。

（2）创新成果年增加=ACTIVE INITIAL（成果增长率 × Time，初始值）。辅助变量方程，表示为增长率与时间之积，根据统计数据赋予初始值。

（3）创新产值年增加=7935 × 创新成果+131 × 科技论文发表数量+0.3 × 资本市场融资+常数。辅助变量方程，由回归得到线性关系方程。

（4）产学研合作=交通现代化（Time）× 合作经费表（Time）。辅助变量方程，交通现代化水平是影响产学研合作程度的重要因素，产学研合作以科研院所获得企业科研支助经费（统计表）反映，通过交通现代化系数对其进行调节。

（5）交通现代化。表函数方程，可以根据地区现代化交通工具主要是飞机航班数与高铁开通数之和的统计表确定，或者选取交通现代化指数反映。

（6）企业科研机构=（高技术产业从业人员/企业研发人数表（Time））×（科研经费投入/地区 GDP）× 企业科研机构数（Time）。辅助变量方程，以当前统计科研机构数（表函数）为基础，通过高技术人员占比、科研经费投入占地区 GDP 总量比例的调整，反映地区企业科研机构的变化状态。

（7）重点实验室、研究（创新）中心=建成数量（Time）× 教育科研经费投入/在校研究生数 ^3/1e+012。辅助变量方程，在已建成重点实验室和研究（创新）中心基础上，考虑了教育科研经费的投入和在校研究生数。

（8）创新成果=INTEG（创新成果年增加，0）。水平变量方程，创新成果是每年创新成果增量的积分。

（9）高技术人才指数=高技术人员表（Time）× 宜居环境。辅助变量方

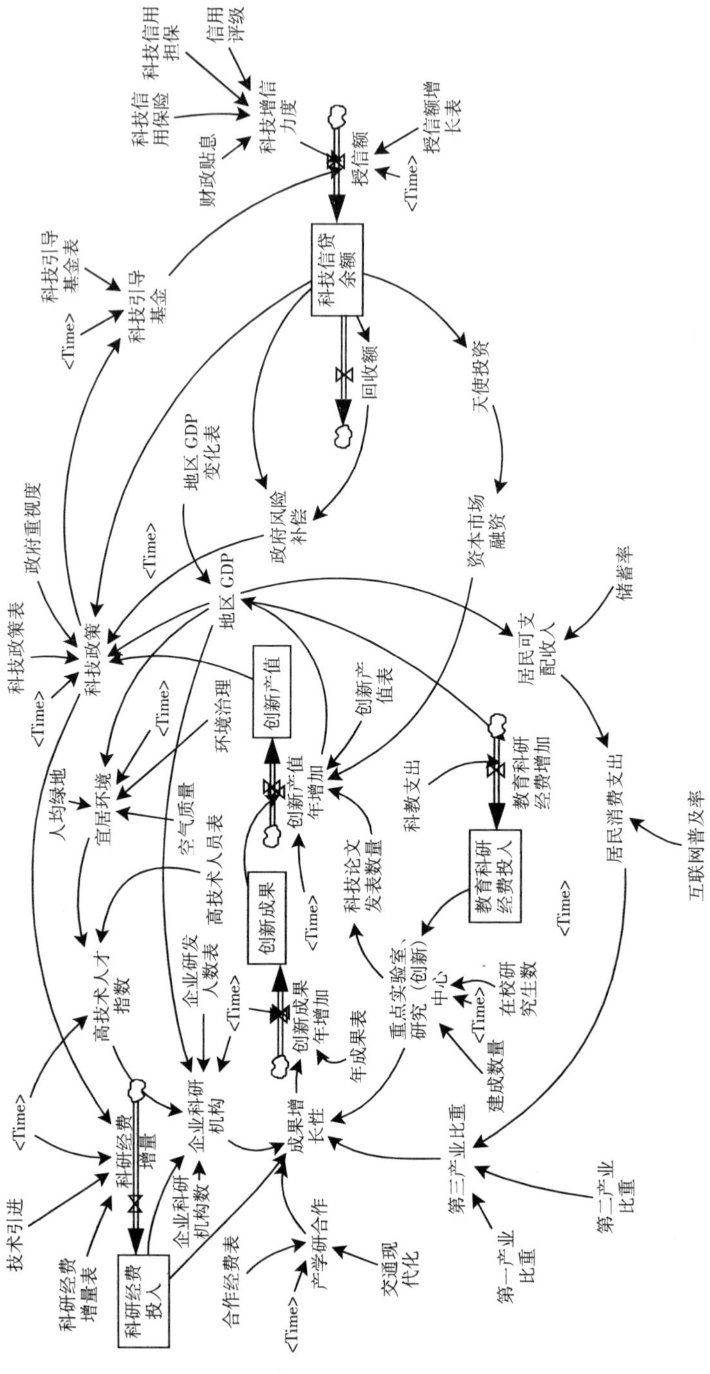

图 4-8 银川市城市创新动力学演进模型

程，在现存高技术人员基础上，考虑到环境宜居性对人才流动的影响。

(10) 宜居环境=空气质量×人均绿地 (Time)× 环境治理 (Time)× LN (地区 GDP) /10000。辅助变量，通过人均绿地（表函数）、环境治理（表函数）和地区经济发展对环保的支出反映。

(11) 教育科研经费投入=INTEG (教育科研经费增加，0)。水平变量方程，教育科研经费投入是每年教育科研经费增量的积分。

(12) 教育科研经费增加=科教支出比×地区 GDP。速率变量方程，由地区经济总量乘以科教支出比得出。

(13) 居民可支配收入=居民总收入×储蓄率。辅助变量方程，由地区居民总收入与居民平均储蓄率反映。

(14) 居民消费支出=居民可支配收入/互联网普及率。辅助变量方程，由地区居民可支配收入与受互联网购物的影响反映。

(15) 第三产业比重=ACTIVE INITIAL (-1×第二产业比重-1×第一产业比重+居民消费支出×1.42e-005，1)。辅助变量方程，由统计回归得出线性关系。

(16) 政府重视度。常量，根据历年政府工作报告中对“创新”词频的统计得出。

(17) 政府风险补偿=科技信贷余额×(1-(回收额+1)/(科技信贷余额+1))。辅助变量方程，未回收科技贷款比率与科技信贷余额之积。

(18) 科技信贷余额=INTEG (授信额-回收额，0)。水平变量方程，科技信贷余额是当年授信额与回收额之差。

(19) 回收额=0.1×科技信贷余额。速率变量，回收额是科技信贷余额量的一定比例，由于银川市科技信贷近期刚刚展开，我们预估回收率为 10%。

(20) 授信额=科技引导基金×科技金融增信力度×授信额增长表(Time)。速率变量，是实际授信增长量基础上，考虑科技引导基金与科技金融增信的影响。

(21) 天使投资=科技信贷余额×0.1。辅助变量方程，由于目前天使投资的实际数目统计存在不确定性，根据经验概率，预估比例为10%。

(22) 科技金融增信力度=ABS [LN (信用评级×科技信用保险×科技信用担保×财政贴息)]。辅助变量方程，科技金融增信力度是信用评级、科技信用保险、科技信用担保以及财政贴息等金融增信因素综合作用效果的反映。

(23) 科技引导基金=科技政策×科技引导基金表(Time)/10。辅助变量方程，科技引导基金是年度科技引导基金存量结合当期科技政策影响的综合效果。

(24) 科技政策=科技政策表(Time)×[LN(政府重视度)×(政府风险补偿+科技信贷余额+创新产值)] /地区GDP。辅助变量方程，反映科技政策(数量)、政府重视程度、政府风险补偿、科技信贷余额以及创新产值等因素的共同作用结果。

(25) 科研经费增量=科技政策×地区GDP×[1-(技术引进(Time)/地区GDP)] ×科研经费增量表(Time)。速率变量方程，科研经费增量统计表基础上，考虑了科技政策的作用以及技术引进对科研经费的负向影响。

(26) 科研经费投入=INTEG(科研经费增量，1)。水平变量方程，是科研经费增量的积分。

(27) 资本市场融资=风险投资×300。辅助变量方程，由于目前缺少实际统计量，权且认为资本市场的融资量与风险投资之间具有放大比的关系。

其他控制常变量或表函数还包括第一产业比重、第二产业比重、财政贴息、科技引导基金、地区经济总量等。

（二）银川市创新动力学演进模型仿真分析

首先，对数据来源及模型有效性检验。

数据来源于历年的银川统计年鉴、中国科技统计年鉴、宁夏统计年鉴以及自治区科技厅与银川科技局统计数据。整个模型借助软件完成结构和量纲的一致性检验。选取 2001~2009 年数据进行历史性检验，模型所得结果与系统实际数据拟合误差小于 5%，模型具有良好的行为复制能力，能较真实地反映银川市创新实际。对模型进行灵敏度和极端条件测试。模型依次通过了敏感性和抗冲击检验，具有一定的灵敏度和较强的稳定性，表 4-1 为主要变量模拟结果与实际值比较情况。

表 4-1 主要变量模拟结果与实际值比较

关键变量		2001 年	2002 年	2003 年	2004 年	2005 年	2006 年	2007 年	2008 年
地区 GDP	实际值	1040000	1330000	1566000	1889700	2885000	3352900	4003000	5141100
	仿真值	1058190	1352920	1569550	1989030	2952810	3358970	4069330	5099010
	偏差	–1.75%	–1.72%	–0.23%	–5.26%	–2.35%	–0.18%	–1.66%	0.82%
创新产值	实际值	55000	64800	69500	98500	106500	140000	191395	163598
	仿真值	55614.8	65256.5	69817.7	98749.5	106652	140081	191343	163435
	偏差	–1.12%	–0.70%	–0.46%	–0.25%	–0.14%	–0.06%	0.03%	0.10%
教育科研经费增加	实际值	16759	23709	24920	29310	36806	47800	97279	108757
	仿真值	17195	23826.6	24968.1	30058.1	38399.3	48262.1	97948	108332
	偏差	–2.60%	–0.50%	–0.19%	–2.55%	–4.33%	–0.97%	–0.69%	0.39%
创新成果增量	实际值	155	169	214	157	145	175	167	411
	仿真值	155.095	169.257	215.407	158.707	148.013	183.662	171.389	427.819
	偏差	–0.06%	–0.15%	–0.66%	–1.09%	–2.08%	–4.95%	–2.63%	–4.09%

其次，进行仿真试验。

模型仿真是系统动力学模型应用的关键步骤，目的是通过模拟政策措施为政府制定政策提供决策支持，识别系统存在的潜在问题，提出对策考虑模型历史模拟的数据时间长度和未来长时间不确定性。模型仿真起点为2001年，终点为2015年，时间间隔1年。

本模型在设计方案时综合考虑了银川市创新发展的潜在影响因素，选取科技引导基金、科技金融增信力度、科技资本市场活跃度、政府重视程度、高技术人才、产学研合作、重点实验室和创新中心、在校研究生数、互联网普及率、第三产业比重以及空气质量11个变量作为控制变量，设计各子系统控制变量对创新产出、创新产值以及地区经济总量等产出量有何影响。

1. 科技金融生态子系统主要变量实验仿真分析

科技金融生态子系统中主要变量：科技引导基金、科技金融增信力度、科技资本市场活跃度分别提升1倍、30%和30%。实验结果如表4-2所示。

表4-2 科技金融关键措施实施效果分析

	科技金融授信额	天使投资	资本市场融资	创新产值增加	地区GDP增加
科技引导基金（↑1倍）	↑300%	↑100%	—	—	—
科技增信力度（↑30%）	↑30%	↑30%	↑100%	—	—
科技资本市场活跃度（↑30%）	—	—	↑200%	↑5.3%	↑4.2%

（1）变量“科技资本市场活跃度”有助于短期内“创新产值增加”（平均提升5.3%），进而促进地区GDP的提升（平均提升4.2%），效果较为明显，如图4-9、图4-10所示；“科技引导基金”“科技金融增信力度”变量对“创新产值增加”短期内无直接效果。但对科技融资授信额、天使阶段投资以及进一步激活了资本市场的活力，科技引导基金（提升1倍）分别使科技融资授信额、天使投资提升3倍和1倍，科技资本市场活跃度提升20%可使资本市场融资增量提升2倍。如图4-11~图4-13所示。

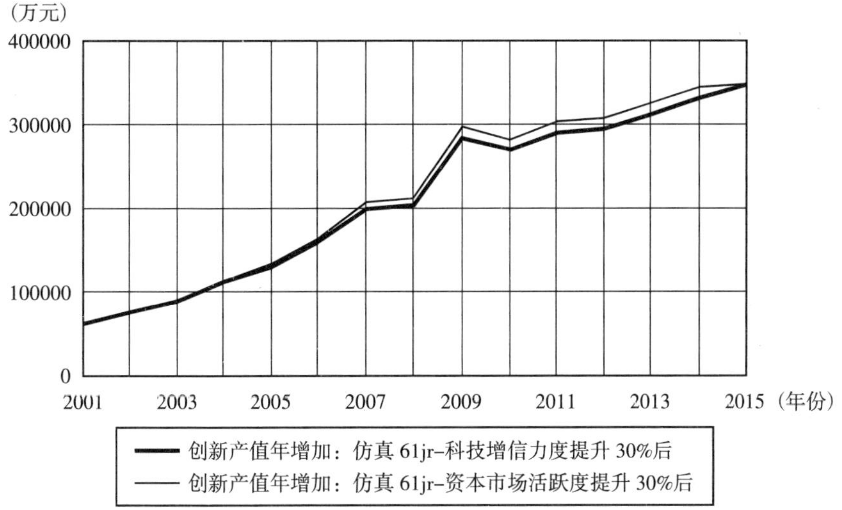

图 4–9 科技金融—创新产值实验仿真

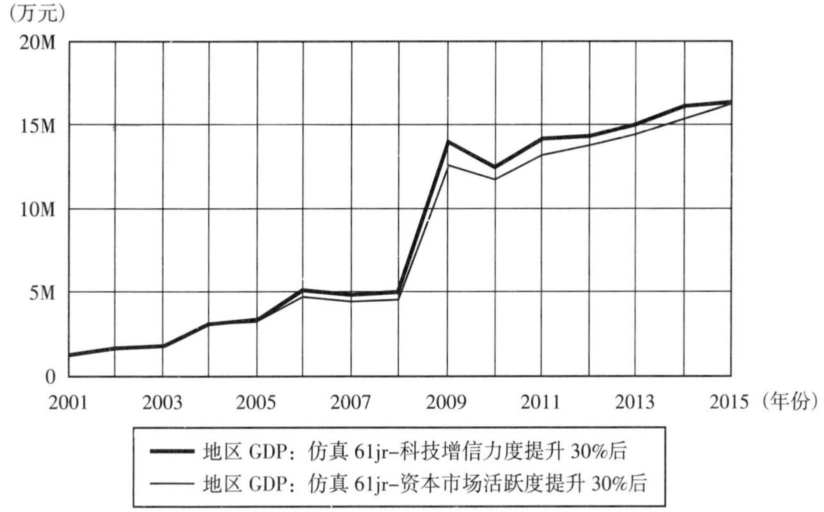

图 4–10 科技金融—地区 GDP 实验仿真

（2）科技引导基金、科技金融增信力度分别提升 1 倍和 30%，可分别撬动科技信贷授信额增加 5.5 倍、1.5 倍；资本市场活跃度提升对授信额没有直接影响。如图 4-11 所示。

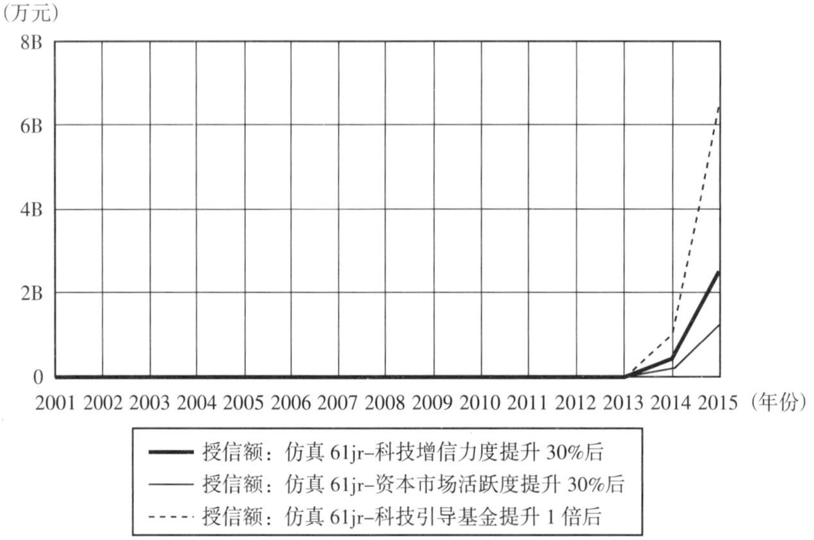

图 4-11　科技金融—授信额实验仿真

（3）科技引导基金、科技金融增信力度分别提升 1 倍和 30%，可分别撬动天使投资额增加 1.5 倍和 1 倍；资本市场活跃度提升对天使投资额没有直接影响。如图 4-12 所示。

（4）科技引导基金、科技金融增信力度、科技资本市场活跃度分别提升 1 倍、30%和 30%，可分别撬动资本市场融资额增加 4.63 倍、0.98 倍和 1.33 倍。如图 4-13 所示。

2. 政府子系统主要行为变量实验仿真

（1）“政府重视程度”变量对创新产值实验仿真。我们统计了政府工作报告中“创新”词频，以其反映政府对创新的重视程度。仿真中将政府报告中的“创新”词频，由 2006 年的 6 次/万字提升至 2015 年的 17.5 次/

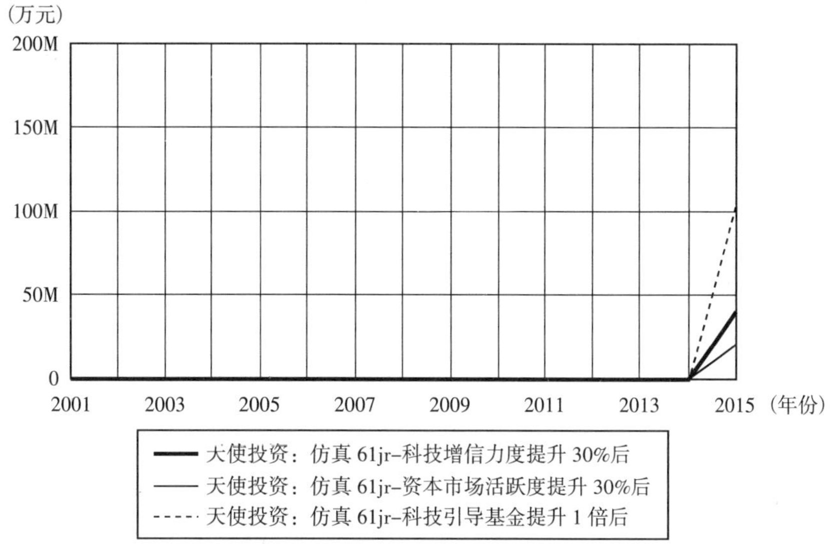

图 4–12 科技金融—天使投资实验仿真

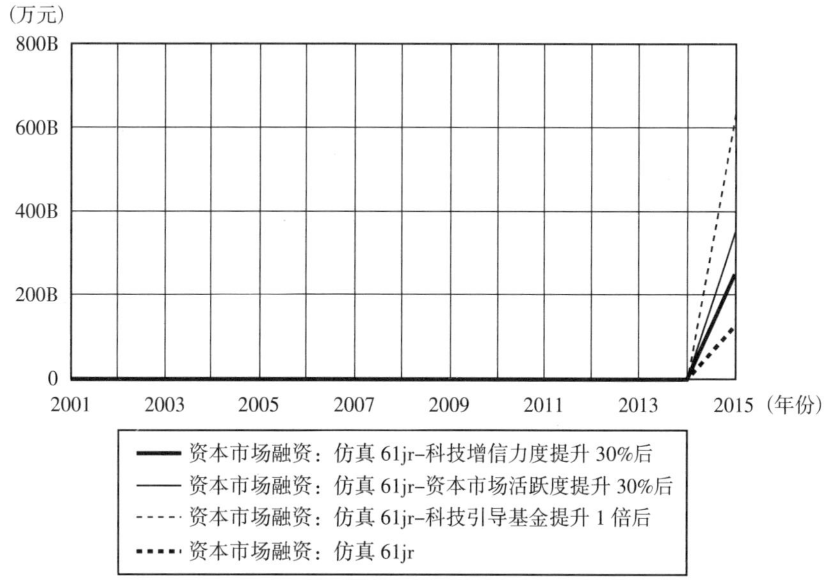

图 4–13 科技金融—资本市场融资实验仿真

万字，可以发现两种情况下的创新产值增速不同，在其他条件保持同步的条件下，能够驱动创新产值提升 3.3%，进而驱动地区 GDP 增加 4.2%。如图 4-14、图 4-15 所示。

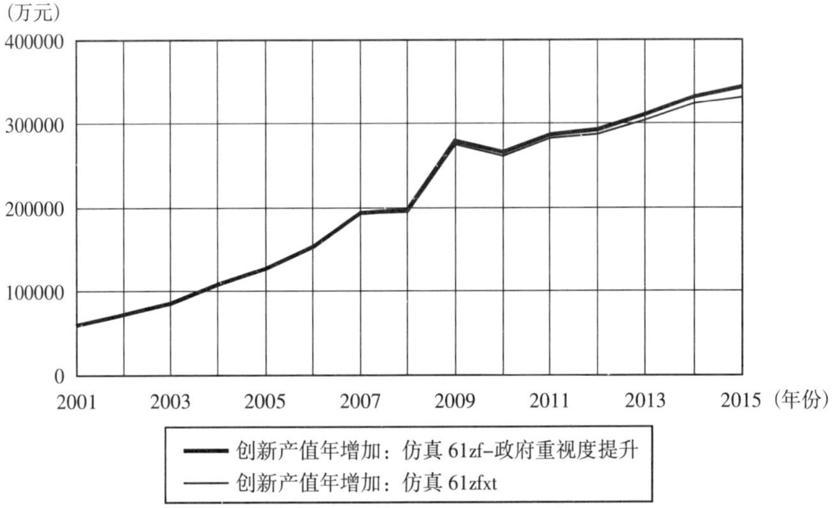

图 4-14 “政府重视程度”提升对“创新产值”作用实验仿真

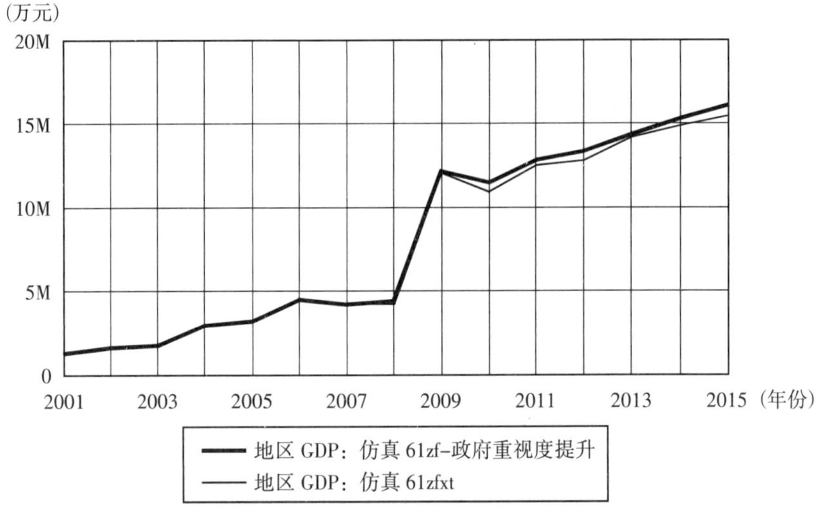

图 4-15 “政府重视程度”提升对“地区 GDP”作用实验仿真

（2）“政府重视程度”提升对“科技政策”作用实验仿真。政府政策的制定，一把手的思想重视程度固然具有关键性作用，但必须建立在实际现状基础之上，也就是通盘考虑系统的各方面要素。在本研究中，“科技政策”的制定，受到来自创新系统自身、科技金融生态子系统、经济环境子系统以及政府子系统的影响，在模型中的作用机理表达如图 4-16、图 4-17 所示。

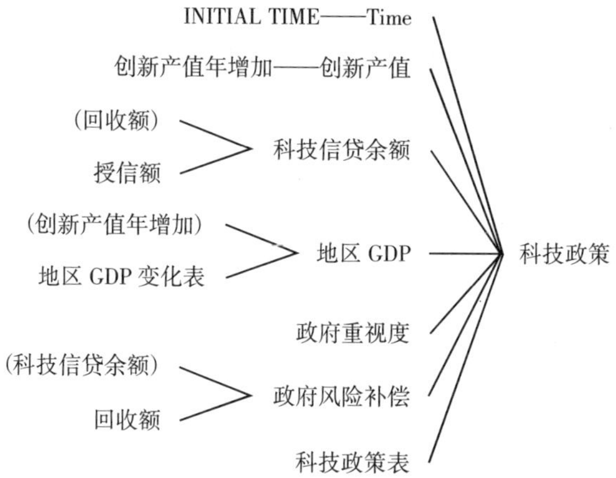

图 4-16 “科技政策”变量产生机制树状图

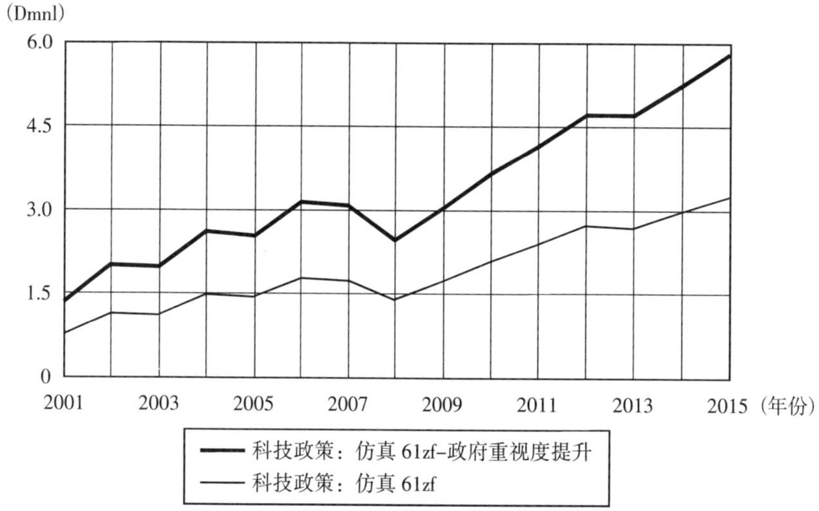

图 4-17 “政府重视程度”提升对“科技政策”作用实验仿真

在本研究中通过对“政府重视程度”的调节来实验仿真该变量对“科技政策”的影响效果，进而仿真传导至科技金融生态子系统、企业子系统以及科研与教育子系统的作用变化。仿真实验结果显示，“政府重视程度”变量由 2006 年“6 次/万字”的水平提高至 2015 年“17.5 次/万字”的水平，“科技政策”的效果值产生近 1 倍的提升效果。

（3）“政府重视程度”提升对“授信额”作用实验仿真。仿真实验中将“政府重视程度”变量由 2006 年“6 次/万字”的水平提高至 2015 年“17.5 次/万字”的水平，发现“授信额”的增量产生 60%的提升效果。如图 4–18 所示。

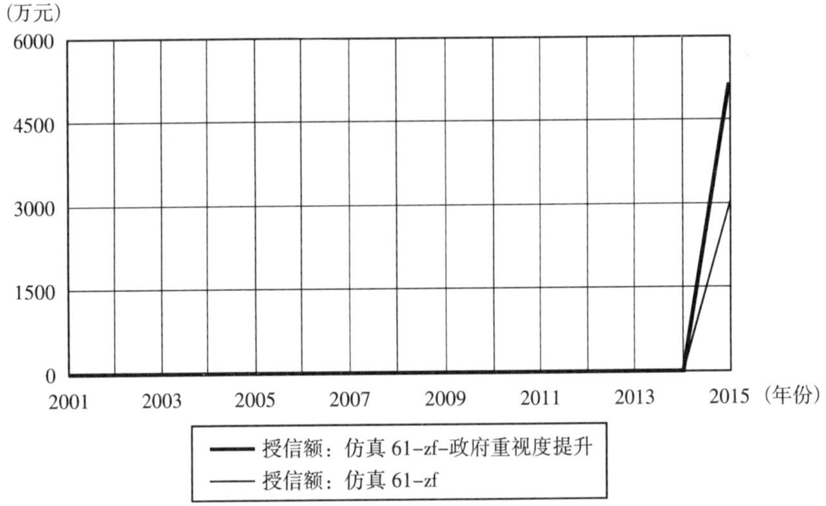

图 4–18 “政府重视程度”提升对“授信额”作用实验仿真

（4）“政府重视程度”提升对“高技术人才指数”作用仿真。仿真实验中将“政府重视程度”变量由 2006 年“6 次/万字”的水平提高至 2015 年“17.5 次/万字”的水平，发现对“高技术人才指数”产生 1.75 倍的提升效果。如图 4–19 所示。

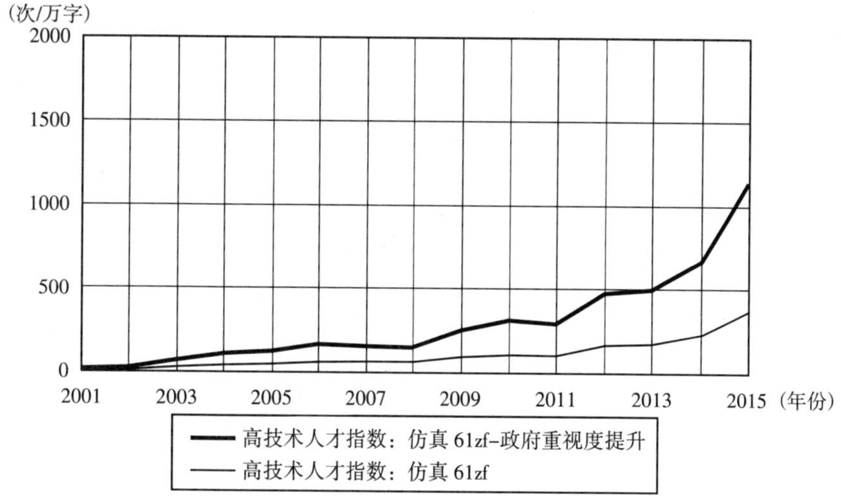

图 4-19 "政府重视程度"提升对"高技术人才指数"作用实验仿真

（5）"政府重视程度"提升对"教育科研经费增加"作用仿真。仿真实验中将"政府重视程度"变量由 2006 年"6 次/万字"的水平提高至 2015 年"17.5 次/万字"的水平，发现对"教育科研经费增加"产生较为明显的提升效果，以 2015 年为例，由未提升重视水平前的 29.21 亿元上升至 30.30 亿元，提升 3.75%。如图 4-20 所示。

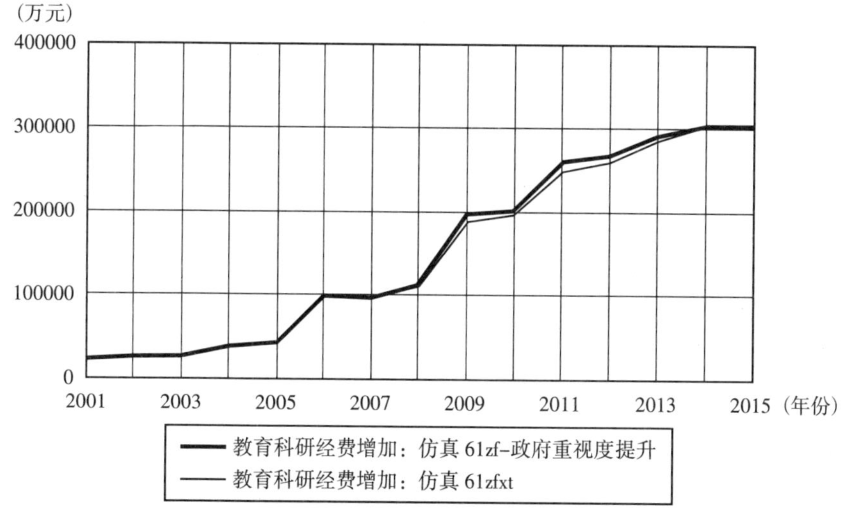

图 4-20 "政府重视程度"提升对"教育科研经费增加"作用实验仿真

3. 企业子系统主要行为变量实验仿真分析

（1）“产学研合作”提升对创新成果产出影响仿真。仿真实验中将“产学研合作”变量由高校科研资金中来源于企业部分的量反映，如果将这种合作的水平提升 20%，发现驱动创新成果产出水平产生 8.5%的提高。如图 4-21 所示。

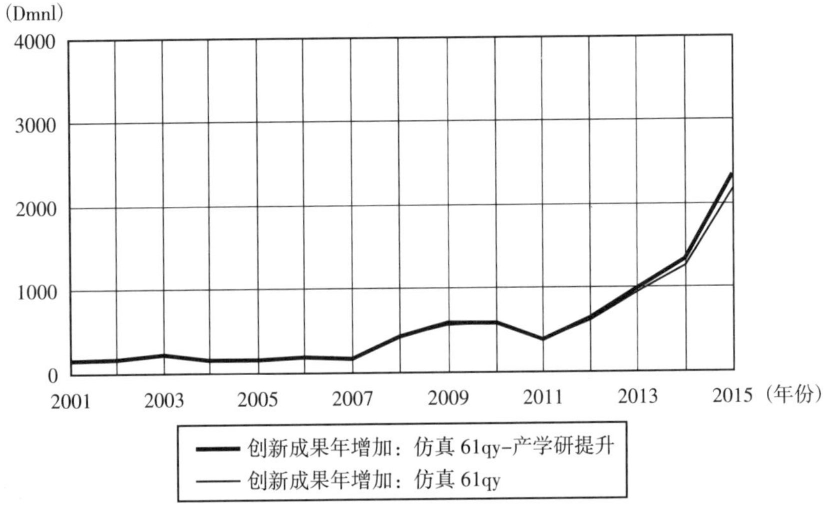

图 4-21 “产学研合作”要素变量提升对“创新成果产出”影响仿真

（2）“高技术人才指数”提升对创新成果产出影响仿真。研究中用“高技术人才指数”反映银川市高技术人才的保有状态或者是对高技术人才的吸引力，是对地区经济发展状况、科技政策、创业环境等因素的综合作用下高技术人才群体的所处状态，如图 4-22 所示。

将“高技术人才指数”变量提升 20%，进行系统仿真实验，发现可以驱动“成果增长性”变量水平达到 40%的较大幅度提升，如图 4-23 所示。此处“成果增长性”变量是反映科研成果的增长率、增长持续性以及增长质量的综合性指标变量，受科研经费投入、产学研合作、企业科研机构、产业结构以及实验室与创新中心等要素变量的影响，其形成机理如图 4-24所示。

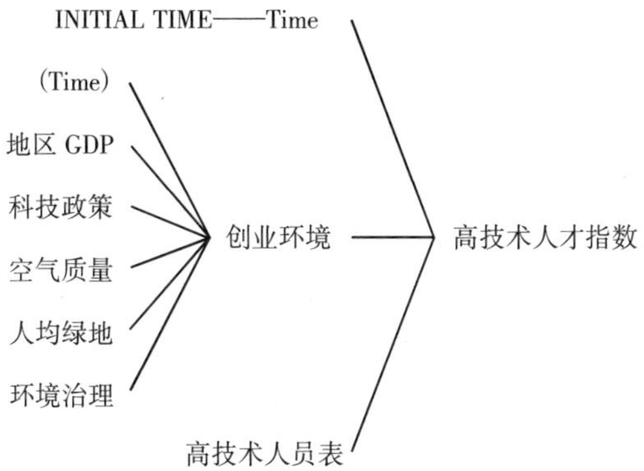

图 4-22 “高技术人才指数”变量形成机制树状图

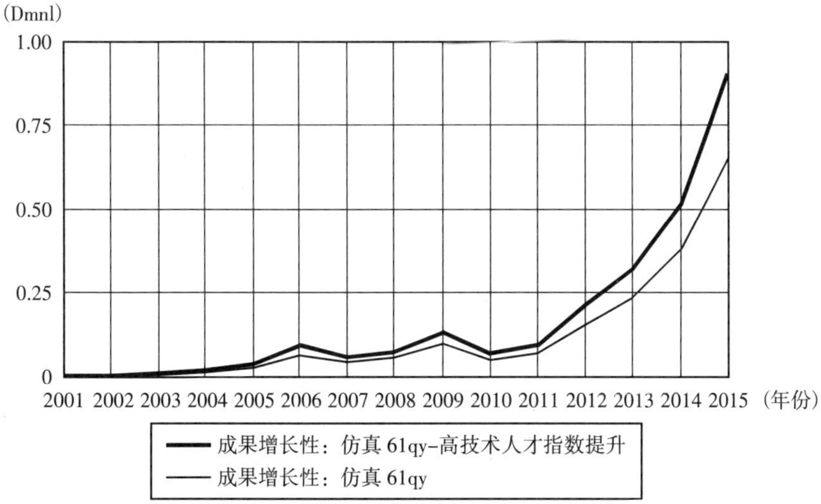

图 4-23 “高技术人才指数”提升对“创新成果增长性”影响实验仿真

当然，创新成果增长性指标变量，会对“创新成果年增加”量直接产生影响，在上述仿真基础上，将驱动“创新成果增加”水平提升近 20%（见图 4-25）；进一步形成“创新产值年增加”量由 32.46 亿元水平提升至 33.99 亿元水平，提高了 4.7%（见图 4-26）；最终驱动地区 GDP 提升 3.7%（见图 4-27）。

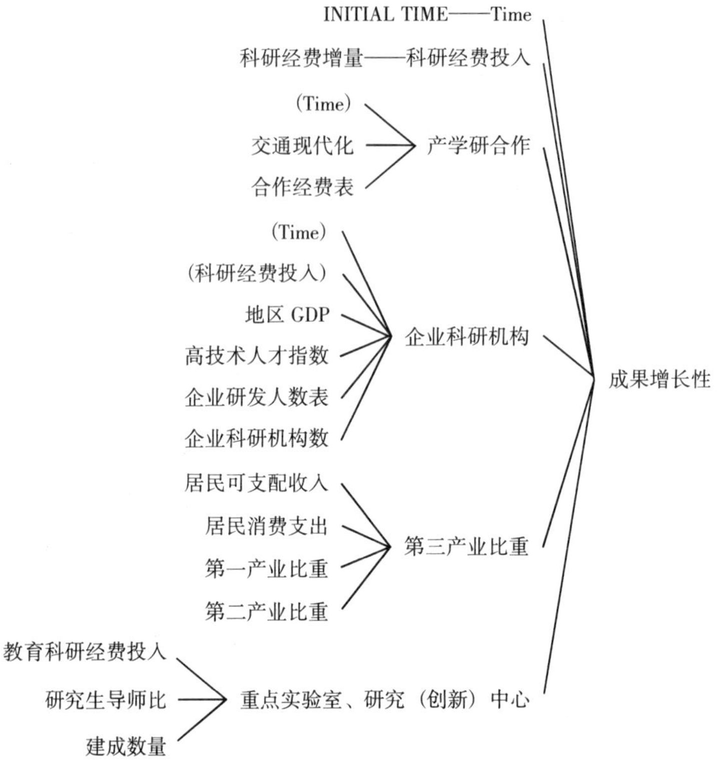

图 4-24 “成果增长性”变量形成机制树状图

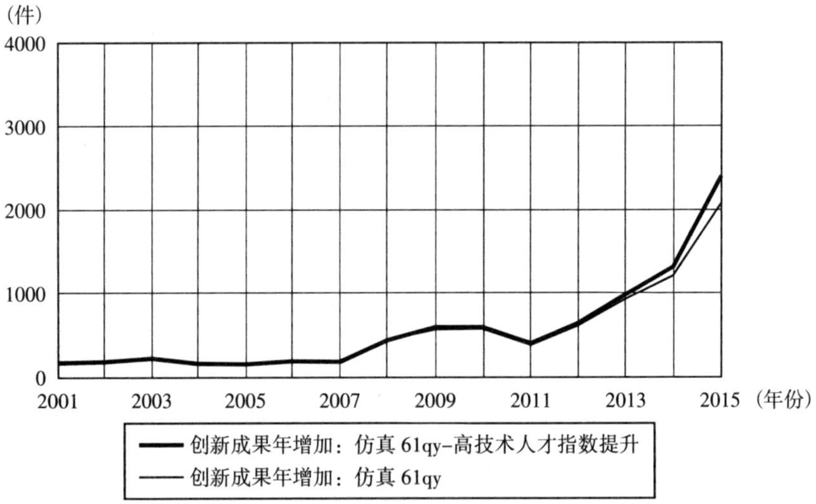

图 4-25 “高技术人才指数”提升对“创新成果年增加”作用实验仿真

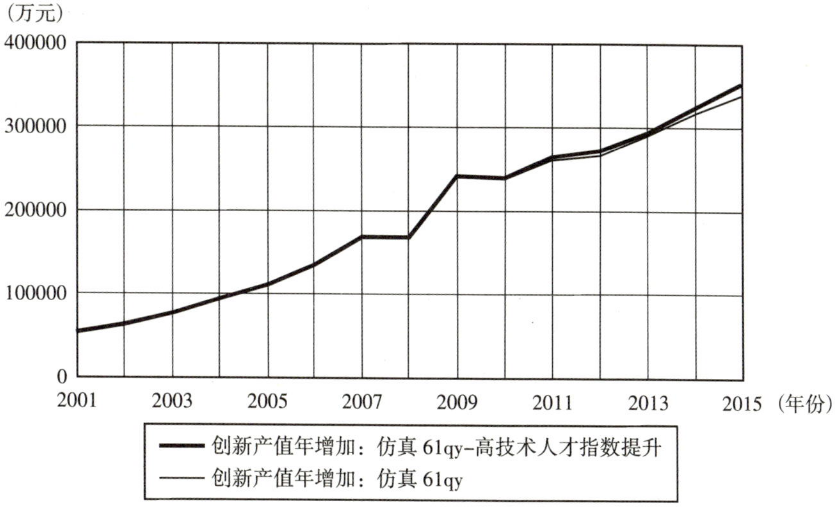

图 4-26 "高技术人才指数"提升对"创新产值年增加"作用实验仿真

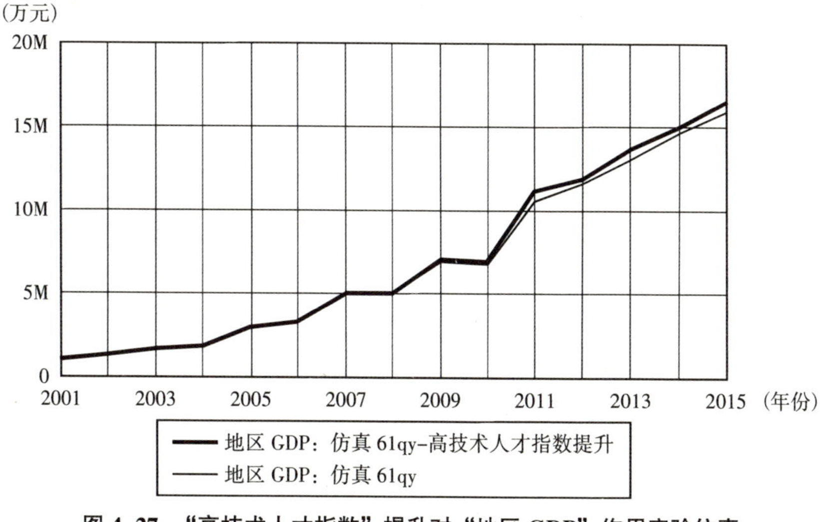

图 4-27 "高技术人才指数"提升对"地区 GDP"作用实验仿真

4. 科研与教育子系统主要变量实验仿真分析

对科研与教育子系统中的"重点实验室和创新中心"关键外生变量进行仿真分析。将"重点实验室和创新中心"数量提高 20%，进行系统仿真实验，发现使"创新成果"变量的驱动水平增加 24.2%，如图 4-28 所示；

进一步驱动“创新产值年增加”量提升 23.7%，如图 4-29 所示；最终，对地区 GDP 驱动效果将达到 10.9%，如图 4-30 所示。

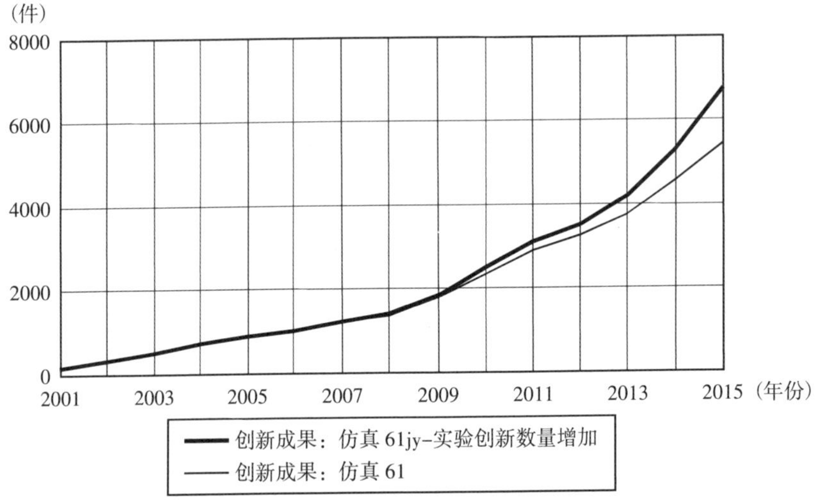

图 4-28 “重点实验室和创新中心”驱动“创新成果”作用实验仿真

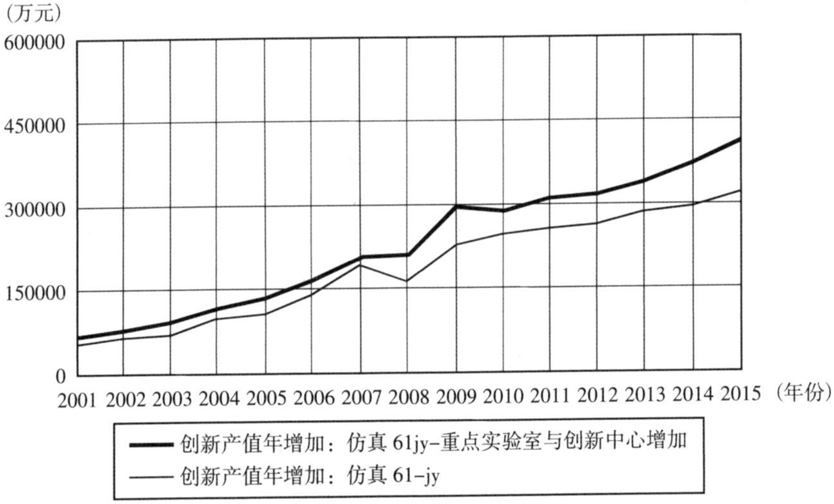

图 4-29 “重点实验室和创新中心”驱动“创新产值年增加”作用实验仿真

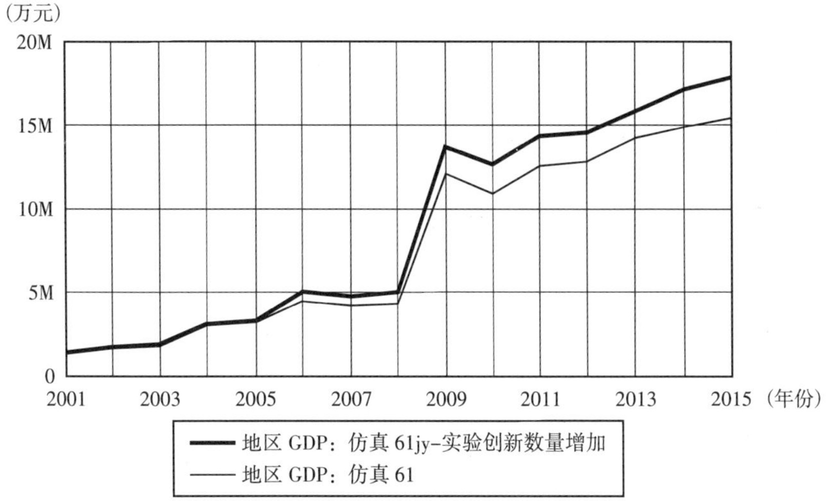

图 4–30 "重点实验室和创新中心"驱动"地区 GDP"作用实验仿真

5. 经济环境子系统主要变量实验仿真分析

经济环境子系统主要变量实验仿真从对"网络普及率"这一外生变量进行调整开始，分析其对居民消费支出的影响，进一步驱动产业机构的改变，从而倒逼创新产出的提升，最终驱动地区经济得以持续发展。

将"网络普及率"由 10%调增至 50%，系统仿真结果显示，"居民消费支出"变量将产生 56.8%的较大增幅，如图 4–31 所示；进一步，"第三产业比重"因此而发生 34%~53%较大增幅，如图 4–32 所示；产业结构的调整对创新活动产生倒逼作用，使创新成果产生同等幅度的增长，如图 4–33 所示；这种倒逼作用传导至创新成果上，将产生 5.3%的增长驱动效果，反映到最终"创新产值"上，达到将近 2%的驱动增长效果，如图 4–34 所示。

6. 各子系统关键变量对创新产值的驱动实验仿真比较

分别选择各子系统的关键变量，政府重视度、高技术人才指数、金融生态、产学研合作、重点实验室与创新中心、网络普及率，进行仿真效果综合对比，实验仿真结果如图 4–35 所示。

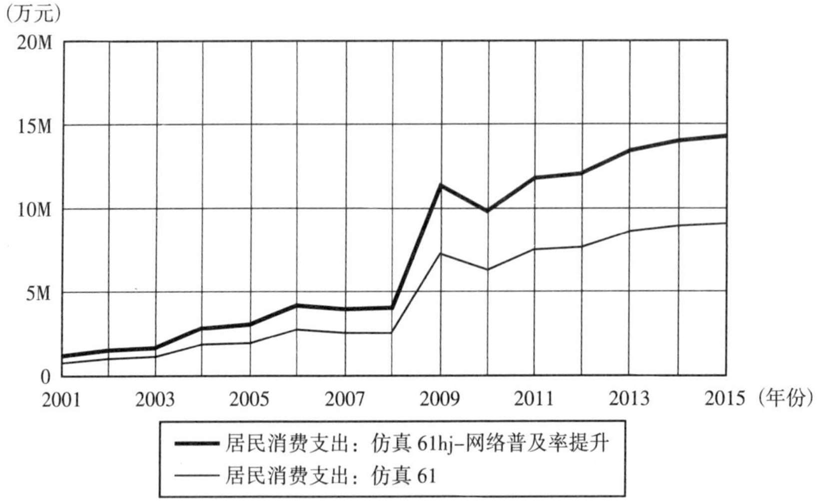

图 4-31 “网络普及率”驱动“居民消费支出”作用实验仿真

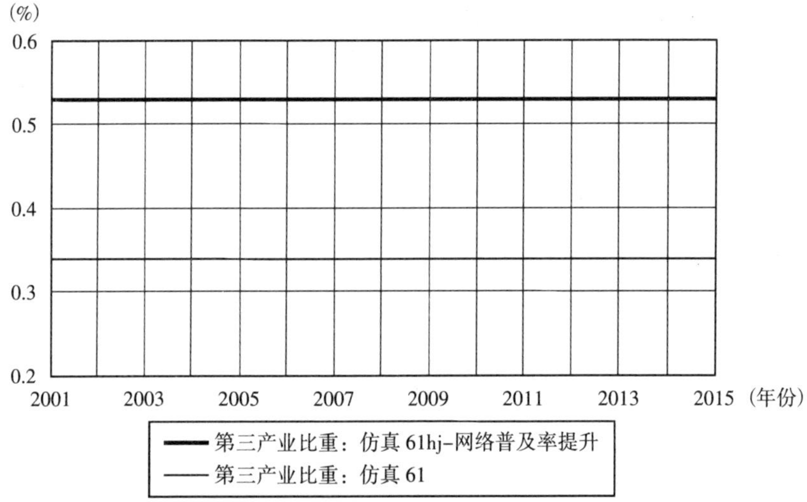

图 4-32 “网络普及率”驱动“第三产业比重”调整作用实验仿真

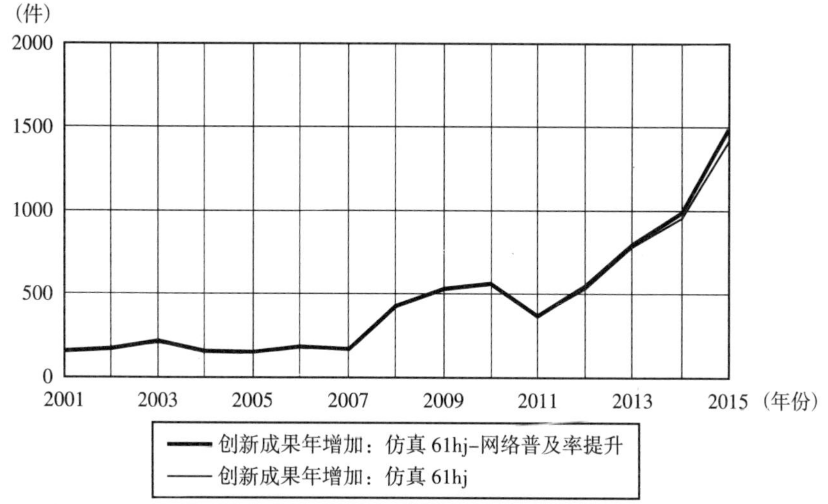

图 4-33　“网络普及率”驱动“创新成果”作用实验仿真

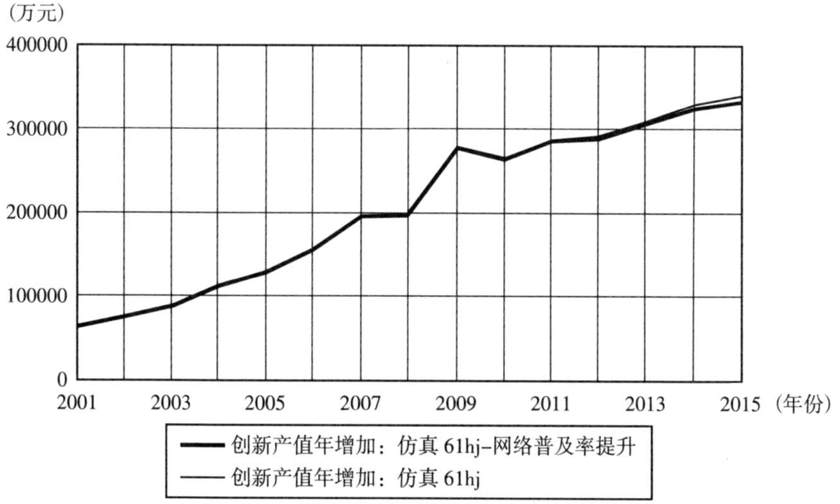

图 4-34　“网络普及率”驱动“创新产值年增加”作用实验仿真

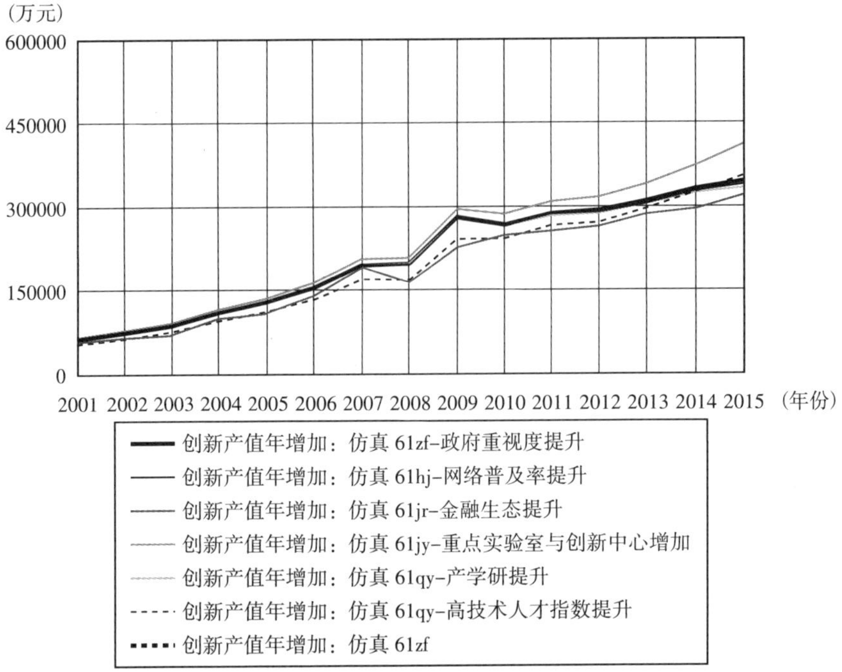

图 4-35 各子系统关键变量对创新产值的驱动实验仿真比较

从对创新产值的驱动效果由高到低排序，依次为“重点实验室与创新中心增加”“高技术人才指数提升”“政府重视度提升”“网络普及率提升”“产学研提升”和“金融生态提升”。值得说明的是，“重点实验室与创新中心增加”影响最大，可能是因其“边际效应”较大——从宁夏回族自治区的现状看，“重点实验室与创新中心”数目稀少，仿真过程中对其进行调整时产生的系统影响颇为明显；而“产学研合作”变量对创新产值影响甚微，可能是由于反映“产学研合作”程度的“科研院所研究经费中来自企业合作部分占比”历史数据不够全面、本市“产学研合作”基础薄弱所致。

三、研究结论与讨论

（一）城市创新驱动发展具有复杂系统特性

城市创新系统属于一类高阶次、多重反馈回路、高度非线性的复杂大系统，它具有很强的反直观性、对系统内多数参数的变化不敏感性、对政策改变的顽强抵御性、整体与局部之间的矛盾往往难于调和等复杂系统特性。考虑到城市创新系统这一复杂系统特性，从创新驱动的主体视角出发，将其解构为政府子系统、企业子系统、科研与教育子系统、科技金融生态子系统和经济环境子系统五个子系统，结合城市景气研究，构建银川市创新驱动系统动力学模型（共由 14 个子循环构成，见附录三）。它以 SD 理论、方法、模型为主框架，综合运用擅长短期经济分析和预测的计量经济学模型方法、借助长于整体与局部关系分析的非线性系统理论和大系统理论，吸取便于政策调控分析的经济控制论、投入产出理论等进行定量分析和研究。可以说是构建了城市创新系统的“实验室”，不仅可以综合地对城市创新系统中的问题进行定性与定量研究，也有利于避免单一定量或定性研究理论与方法在应用中的局限性和片面性。

（二）系统动力学模型为发现创新驱动关键因素提供了方法

从系统的视角审视城市创新系统的运行，发现关键影响因素：子系统具有自身的运行规律，同时子系统之间通过关键变量的联结相互作用，从中我们能够发现对整个系统产生重要影响的关键变量。对创新驱动系统的 14 个子循环进行分析，“企业科研机构”通过 6 个子循环对城市创新系统产生影响——或者说是有6个子循环在通过该变量相互作用；“科研经费投入”同时对4个子循环产生影响——或者说是有4个子循环在通过该变量相互作用；“创业环境”“高技术人才指数”变量同时对3个子循环产生影响——或者说是有4个子循环在通过该变量相互作用。以上通过某一变量相互联结的多个子循环，最终驱动创新产出（创新产值）发生变化。

（三）实验仿真结果应用需要结合实际情况具体分析

从选取各主体子系统关键变量进行仿真的结果看，各子系统对银川市创新能力影响效果依次为科研与教育子系统、企业子系统、政府子系统、经济环境子系统和科技金融生态子系统。但有关实验仿真结果并不必然意味着是城市发展的“铁律”，必须辩证分析应用。比如，科技金融生态子系统当前的创新驱动效果不甚明显，并不意味着科技金融子系统对城市创新景气、能力的提升不重要，而是要分析城市的实际情况：科技金融生态系统的发展刚刚起步，未形成运行数据的积累，没有在模型的构建、学习过程中产生应有的影响，需要在后期不断积累运行数据的基础上对模型进行修正。

（四）系统模型需要不断消除数据积累缺失的影响并进行修正

系统模型建立在现有统计数据基础之上，但所使用的统计数据，部分存在统计或系统性缺失情况：统计性缺失是由于统计口径的变化，导致部分时期缺失某项数据统计；系统性缺失是由于社会经济系统当中某一子系统运行起步较晚，导致数据缺失。随着物换星移的变迁，会有新的影响因素出现，并且缺失的数据逐渐取得较为完善的积累。如此一来，当时所构建的城市创新驱动模型就需要进行修正，以更好地反映社会经济系统的运行实际，为政策制定者提供更有价值的参考。

第五章　打造银川市风生水起创新生态系统对策建议

党的十九大进一步提出加快建设创新型国家，从深化科技体制改革、建立技术创新体系、倡导创新文化以及培养创新人才和创新团队方面提出了新的要求。宁夏回族自治区第十二次党代会更是将创新驱动战略作为今后五年深入实施的“三大战略”之首。但创新发展是一个系统性的问题，单靠布置几项任务、提出几个重点和列几项措施还远远不够，更要从宁夏回族自治区创新发展的现状、发展机理研究的基础上给出系统化解决方案。

基于上述关于银川市创新景气和创新能力演化机制的研究，创新生态系统更加突出创新主体要素之间的互动性和创新主体要素对外部创新环境紧密的依赖性，“创新”是一个内容更为丰富、联系更加紧密、结构更加复杂、整体愈加优化的复杂的开放的自组织系统，是以创新价值实现为目的而形成创新网络、“技术—产品—市场”价值链组成的有机整体，不同创新主体既竞争又合作，形成了创新生态系统的运行机制。由政府子系统、企业子系统、科研与教育子系统、科技金融生态子系统和经济环境子系统有机构成的城市创新子系统，各子系统是相对独立的反馈系统，又相互发生作用，共同促进了地区创新行为的演进。基于此分析，从创新系统主体的视角，提出构建银川市创新生态系统的路径与策略。

一、构建银川市创新生态系统，打造“互联网+创新”平台

通盘考虑包括政府子系统、企业子系统、科研与教育子系统、科技金融生态子系统和经济环境子系统等，建立“政府引领+市场化运作”的银川市创新生态系统：

（1）有机整合分散在政府部门、公共服务机构和商业机构的数据与服务资源，使创新服务集中化，推动创新创业服务要素的聚集融合。

（2）遵循“开放、共享、融合”的原则，以服务创新创业为使命、优化服务为目标、整合资源为手段，丰富服务内容、拓展服务渠道，满足各创新主体在创新价值链各环节的多元化服务需求，实现创新生态系统内研发、产业、资金、服务等创新价值链的融合。

（3）建设、完善线上创新创业生态系统，线上积聚宁夏回族自治区各类服务资源，建立良好的网络运营机制，使各类服务资源在政府有效监管下，按照市场规律进行服务的接入和优化，利用互联网工具实现资源有效对接、数据开放共享与服务融合提升，促进创新生态系统的自我净化、自我完善和持续发展，打造“互联网+”情景下的创新生态平台。

二、构建人才引进、培养和监管评价机制，培育高水平创新团队

创新的事业必须由善于创新的人才来做，人才是创新的核心要素。习近平指出："人是科技创新最关键的因素，创新的事业呼唤创新的人才。"宁夏回族自治区要以科技创新为地区可持续发展的方式，银川市要在宁夏回族自治区创新发展中成为典范城市，必须在创新实践中发现人才、在创新活动中培育人才、在创新事业中凝聚人才。银川市科研人才相对存量处于全国城市较低水平，按科研人员全时当量计算，目前处于 17.45（人/万人）的水平，低于全国所有大中小城市平均水平［为 19.32（人/万人）］，与邻近城市包头［为 49.33（人/万人）水平］相比，差距巨大。银川市实施创新驱动发展战略，解决高科技人才问题是当务之急。以加强高层次创新人才队伍建设、培育高水平创新团队为目标，提出以下政策建议：

（一）完善务实有效的培养开发机制

设立、落实人才引进专项奖励，实施人才项目资助；完善人才培养体系，加大市企业、科技和文化创新团队培养力度，积极开展国务院特殊津贴、省"千人计划"、"万人计划"、人才工程、市特级专家、拔尖人才等人才申报推荐；加强学习深造资助，鼓励企事业单位人才通过在职学习攻读硕士、博士学位，积极选派高层次人才赴国内外进修深造；建立"名师工作室"，立足银川市大力选拔具有学术、技术水平领先的名教师、名医师、名工程师等，部门根据需要提出建立"名师工作室"申请，经市委人才工作领导小组评定，实行三年一命名、一年一考核，考核合格的，每个

工作室每年给予一定工作经费资助，激发专家的引领作用，加强人才传承培养，探索建立与各类高层次人才专家长期合作机制，充分发挥他们在各自领域中的积极作用。

（二）构建精准管用的引才聚才机制

通过实施特定的“引才计划”，突出对成熟、重点产业项目优先，风投进入项目优先的导向。对入选创业类“引才计划”的人才项目，给予不同级别资金的资助，分期拨付，并享受个人待遇。对影响银川市经济社会发展特别重大的产业和具有重大意义的项目，采取“一事一议”的方式，给予特殊的优惠政策。

（三）加大国内外智力柔性引进力度

支持企业引进“海外工程师”，在研发、设计、技术和经营管理等岗位担任相应的中层及以上职位，且当年度在企业实际工作时间不少于一定时期的，每年给予企业实际支付薪酬的资助；外专引智项目获得国家或省级资助的，给予配套资金支持；加大柔性引才力度，深化市校合作，根据经绩效评估，对银川市经济社会发展做出贡献和产生影响的，可由用人单位申请绩效补助。在一些特定产业领域，由主管部门协同人社局、财政局共同制定，并报市委人才工作领导小组办公室审定，每年划拨专项资金用于副高以上高技术人才津贴绩效考核和柔性引进学科带头人等工作。

（四）积极运用市场机制开发人才

充分发挥企业、科研机构等用人单位的引才主体作用，鼓励和支持用人单位加大创业创新人才引进力度。积极培育社会中介机构，有序承接政府转移的人才引进、培养、评价、流动等职能。对成功引进落户国家、省“千人计划”或“万人计划”人才（需我市自主申报入选）以及特定“引才计划”人才的企业，分别给予每人次特定额度引才补贴。对参加组织人事部门统一组织赴国外招才引智活动的企业，补贴参团企业交通费等。对组织人事部门统一组织的赴国内招才引智活动，给予参加单位一定的工作经费。

（五）建立绩效导向评价激励机制

鼓励人才向企业集聚方面，支持科研院所科研人员经所在单位同意，可以在职创业并按规定获得报酬，企业引进的高层次人才可获得支付的购房（租房）补贴、安家费、科研启动经费等可据实计算企业所得税前扣除，国有企业引进高层次人才产生的专项投入成本可视为当年考核利润；完善人才薪酬分配制度方面，鼓励事业单位对业绩突出的人才，经主管部门审核，可单独制定收入分配倾斜政策，不纳入绩效工资总量，对银川市重点支持主导产业和战略性新兴产业企业或平台型企业引进的高级管理人员，可根据其能力业绩制定特别奖励政策；改进人才评价体系方面，对职称外语和计算机应用能力考试不做统一要求，业绩突出的企业优秀工程技术人员，可以破格或越级申报专业技术职称，探索市场化的人才评价方式，借助专业机构开展人才评价评估。

（六）提升优化人才服务保障机制

实施人才津贴制度，符合银川市人才引进政策与考核要求的高技术人才，享受特定人才津贴；加大企业紧缺人才资助，根据急需紧缺人才目录，明确不同类型人才的认定标准和配套待遇，定期发布、动态调整；优化人才住房保障，对每年在银川市工作时间不少于一定时期，未享受住房优惠政策或房改政策的高层次人才，且在银川市范围内首次购房的，以货币化、市场化方式解决住房问题；对首次新引进到银川市企业或教育、科研机构和关键服务领域事业单位工作的全日制硕士研究生，给予安家补助；优化人才家庭保障，妥善解决人才居留落户问题，办理本人及配偶、未成年子女、父母随迁落户手续（高层次人才父母不受年龄限制），多渠道帮助引进人才解决配偶就业问题、子女入学问题等。

（七）健全高效顺畅的党管人才机制

加强绩效考核评价，深化党政领导班子和领导干部人才工作目标责任制考核，考核结果作为选拔先进、干部任用的重要依据，落实人才工作述职评议制度，对抓人才工作不力、造成重大人才流失的要追究责任；引入第三方评价机构，对人才政策落实情况和执行效果开展绩效评估，根据评估结果及时优化调整；提升人才政治激励，完善党政领导联系高层次人才制度，可以由副处级以上领导每人至少联系 1 名高层次人才，定期听取人才意见，帮助解决实际问题；加强对人才的政治引领和政治吸纳，推荐符合条件的人才担任“两代表一委员”，完善高层次人才列席相关政府会议、担任政府决策咨询专家等方面的制度；保障人才资金投入，建立政府、企业、社会多元化的人才投入保障机制，根据人才和团队引进、培养、扶持、激励等实际需要，保持人才经费的合理增长，确保人才政策及时兑现。加强对人才政策执行情况跟踪，强化对人才队伍和创新团队实绩的考核。加大市级专项资金整合力度，避免重复资助，提高资金使用效益。

三、鼓励产学研协同，激发创新主体积极性

当前社会经济快速发展的形势下，协同创新已然成为我国创新体系中的重要组成部分。高等院校尤其是研究型大学要与企业、科研院所进行深入合作，积极开展协同创新，继原始创新、集成创新和引进消化吸收再创

新之后，对进一步解放和发展科技生产力提出的新命题、新任务，从产学研协同创新形成过程分析，其形成可看作是产、学、研三方在一定的协作模式下，通过双向选择以及对科技资源、人才和设备等社会资源进行优化配置，从而实现更高的产出效益。银川市创新城市的发展，需要大力鼓励产学研协同，激发创新主体的积极性，打通"企业—科研院所"创新价值链，提升自主创新能力。

（一）建立校企常态化联合科技攻关机制

近几年来，银川市部分企业通过与高校进行项目合作，已经在科技创新和服务支撑方面与高校建立了较为良好的互信环境，同时高校科研团队也在配合中形成较好的科研默契。在此基础上，企业可进一步与高校签订正式的战略合作协议，以便各方在高级人才引进、专业人才培养、科研项目协同创新等方面开展更加深入的合作，为进一步共建研发中心等更为深入的合作做准备。

（二）制度化保障体系确保联合研发中心持续运行

校企共建联合研发中心建立后，首先要确定相对固定的研发地点、研发人员和保障体系；其次要确定行之有效的研讨工作模式，如采用远程视频会议和现场面对面研讨两种方式实现常态化的项目定向研讨；最后要确定相对固定的参研团队，建议由一方负责人牵头，另一方派人常驻点工作，在重点时段集中现场办公攻关模式来保障项目进度和质量。

（三）市场化运作、合作共赢，形成可持续发展机制

研发成果只有投入市场化，才有利于实现创新产值转化：

（1）建立企业、大学、科研机构之间的产学研协同创新机制，打通技术发明与市场化的通道，通过授权生产和知识产权入股方式都是可行的途

径。一般可通过筹建科技成果推广公司或与相关公司合作（第三方实体）的模式来提速市场化进程，将科技发明的源泉与市场的发展结合起来，在协同中分工又协作，达到资源优势互补效果，提高科技转化为生产力的水平。

（2）构建“上游用户+ 企业+ 高等院校”联合科研平台，引导不同企业发挥不同层次的创新主体作用，鼓励拥有技术优势的科研院所、大型企业在协同创新中发挥引领作用，引导中小微企业广泛参与协同创新，并发挥其市场灵活性和技术多样性优势，与科研院所、龙头企业之间形成资源互补与高度整合。企业对相关产品的需求把握更准确，了解更实际深入，同时应具备相应的上游用户所需产品加工生产的能力，高等院校具有研发能力和智力资源优势，三者联合具有相辅相成、相得益彰的效果。这一平台关联“市场需求、产品研发、工业化生产”三个环节，是科技成果转化为公司经济效益的关键载体，也是企业科技创新的有效途径，更是企校“产学研”合作的共赢点，有利于驱动行业和地区竞争实力提升。

（3）运行保障上逐步形成常态化的研讨体系、制度化的保障体系、市场化的共赢体系。常态化的研讨体系主要是按照定期、定课题的方式实施常规化科技攻关，通过常态化的研讨增进技术交流，克服交流弊端，使产学研链条和科技供需环节更加流畅；制度化的保障体系主要是健全研发中心运行管理的日常工作机制，包括配套制度和运行机制的建设及完善；市场化的共赢体系主要是研发服务中心做实、做强、做优的前提基础，只有实现企业、相关上游用户和合作高校的多方共赢才能实现长久良性合作，达到提质增效与合作共赢的完美融合。

四、完善科技金融系统，满足创新主体多阶段、多层次融资需求

与东部地区相比，总体上看，银川市创新发展尚处于初期阶段，近年来一系列科技金融支持政策取得了一定的成效，如成立产业基金、引入保险保证和融资担保以促进科技信贷资金投放等。但尚存在较为严重的“服务真空区”问题，比如对于众多既无成果认证又未形成成熟经营模式的小微企业，因不满足信贷条件无法获得融资支持。究其缘由，是银川市尚未形成闭环的金融生态体系，在资本价值链的一些环节出现断档或资源稀缺情况：比如针对创新发现与产生阶段的创新项目风险投资不足，制约了创新企业的发展，导致银川市高技术企业增长乏力。因此，要激发全社会创新的积极性，单靠科研院所和成熟企业尚难以形成气候，必须考虑“大众创新—万众创业”环境下更多的创新在“民间”、小微企业中，从金融生态的视角构建全方位创新科技金融体系、确保创新生态系统活力和资本要素效率。

科技金融系统是由企业、高校、科研院所、商业银行、风险投资机构、政府相关部门等多主体，围绕创新资金这一稀缺资源相互作用而形成的复杂创新网络。该系统是一个具有动态性、高阶性、非线性的复杂系统。高校、科研院所与企业进行的基础研究、共性与关键性技术研发、科技成果产业化等不同类型的科技创新项目，其收益性、风险性及外部性存在较大差异，需要政府相关部门、风险投资机构、商业银行等不同科技金融主体及科技金融工具与之匹配。科技金融系统的构建，要以科技金融创新为主线，实现科技资源与金融资源的有效对接，加快形成多元化、多层

次、多渠道的科技投融资体系；坚持科技与金融融合发展，推动金融产品和服务方式创新；坚持科学规划科技金融产业，完善金融组织体系和市场体系，提升金融服务水平；坚持改革创新与风险防范相统一，优化金融生态环境，加快集聚金融资源，培育高新技术产业，提升金融服务实体经济的能力。尽快形成完善的科技金融服务体系，有效支持科技成果转化、高新技术产业化、产学研结合和协同创新发展，为宁夏回族自治区深化科技金融改革创新及金融服务实体经济探索可复制、可推广的新模式和新路径。

（一）进一步完善科技投融资体系，推进科技与金融融合发展

通过科技与金融有效融合，围绕产业链部署创新链，围绕创新链部署融资链，通过投、贷、债、保联动等方式，引导和带动社会资本参与科技创新，推动建立以企业为主体、市场为导向、产学研相结合，构建以政府为引导、企业投入为主体，政府资金与社会资金、债权资金与股权资金、间接融资与直接融资有机结合的科技投融资体系，为不同发展阶段的科技型企业提供全生命周期的金融服务，不断提升金融服务创新创业、科技型企业和科技成果转化的质量和水平。

（二）提升科技金融组织能力，提升科技金融服务的可获得性

大力发展商业性科技金融服务，构建金融后台服务大数据和信息共享平台；培育科技金融中介服务体系，不断增加科技金融有效供给；允许具备条件的民间资本依法发起设立中小型银行等金融机构，探索成立高新技术企业财务公司，支持符合条件的机构依法发起设立网络证券、网络保险和网络基金销售等创新型机构。

（三）打造完整融资服务价值链，满足创新主体多阶段融资需求

在完善的创新生态系统中，公共和私营研究机构、企业、风投资本、专业配套服务，以经济利益为基础紧密合作，形成一条独特的价值链。高校、研究机构和创新型企业是创新活动的“发球手”，风投资本则是“接球手”。国内的阿里巴巴、京东、携程网、小米等科技企业，美国特斯拉、脸谱、谷歌等著名企业，在发展初期都得到了风险投资家的青睐，经过多轮融资发展成为国际大公司。风险基金、投资基金和专业配套服务的介入，大大推动了创新技术转移和技术成果转化。值得重视的是，这些投资方的深度介入，积极参与从科技创新到商业化和产业化的全过程，既促进创新活动尽快出成果，创业企业能够快速成长，也能够显著缩短创业投资回收周期。思科、特斯拉、华为等企业不断收购发展前景良好的初创企业，或通过投资新的企业开展专项技术或者产品研发和攻关，一方面增加了尖端技术来源，另一方面扩大了管理和技术人才来源。

（四）鼓励科技金融产品和服务创新，拓展科技型企业融资方式

引导各类金融机构创新金融产品、改进服务模式、搭建服务平台，合规、有序开发跨机构、跨市场、跨领域的金融产品和金融业务，探索开展投贷联动模式、银保联动贷款、选择权贷款和科技型企业股权化直投业务。对科技金融专营机构实施差别化的信贷管理制度和监管、考核机制。鼓励金融机构将金融改革创新措施在银川市先行先试，在机制创新、市场创新、产品创新和模式创新等方面给予更高风险容忍度。支持互联网企业依法发起设立或参股金融机构，支持金融机构与互联网企业开展多元化合作，形成互联网金融产业链联盟，为科技型企业提供全方位融资服务。

（五）完善创新科技金融市场体系，提供更好金融服务

加快发展区域性产权、股权、技术产权和资源要素市场，支持银川市在符合国家规定的前提下探索优化要素市场准入门槛、参与主体资格、交易产品、交易方式等，加快建立知识产权交易流转市场，大力发展知识产权质押融资，设立中小微企业贷款风险补偿基金，对知识产权质押项目提供重点支持，探索备案发行知识产权专项债券，支持发行知识产权信托产品；支持符合条件的科技型企业上市融资、再融资和开展并购重组；建立健全科技型企业债务融资增信机制，降低科技型企业债务成本和债务融资风险，稳步扩大科技型企业债务融资规模；研究开展高新技术企业发行高收益债券试点。

（六）探索区域科技金融合作，打造内陆创新合作开放示范区

探索“中关村—银川”科技金融信贷市场一体化、票据市场一体化、支付结算一体化、金融信息服务一体化和要素配置市场一体化，统一规划金融资源开发、金融设施配套、金融市场开拓和金融政策，建设金融同城，形成聚合金融模式；推动跨区金融业在机构、市场、业务、人才和监管等方面的合作，促进经济更加紧密协同发展；加强银川市与境外城市和地区在科技金融方面的交流合作，不断拓宽双方在业务创新、风险管控、人才培训、学术交流等方面的合作空间和领域。

（七）优化金融生态环境，推进科技金融改革

第一，全面推进社会信用体系建设。加快建立健全促进科技创新的信用增进机制、科技担保和再担保体系，探索设立由政府出资控股的集信用评级与担保为一体的综合服务平台，建立完善科技企业与信用挂钩的融资机制，推动政府与银行、证券、保险、创投、担保之间依法建立信息共

享，探索我市创新示范区小微企业信用体系建设试点。

第二，优化区域金融消费权益保护环境。加强金融权益保护制度与机制建设，进一步规范金融机构业务行为，尤其是互联网金融等新兴业态，提高金融行业服务质量和金融消费权益保护水平。

第三，完善科技金融改革创新风险管控机制。建立科技金融改革创新风险防范机制，健全地方金融风险预警体系。切实加强上级金融管理部门和银川市金融管理部门之间的分工协作，严厉打击金融传销、非法集资、内幕交易、地下钱庄等非法金融活动，为科技金融改革创新创造良好的外部环境。

五、构建良好区域创新文化体系，助力打造风生水起创新生态

文化是构成国家与地区软实力的最核心组成部分。区域创新文化以创新价值观为核心，通过价值观念导向进行创新实践相关资源的优化配置。好的区域创新文化对区域创新发展具有重要而持久的推动作用。创新文化包括主体创新文化、制度创新文化、环境创新文化三个层次的内涵，是价值观念、思维模式、行为规则、制度体系、精神氛围的总和，在区域经济文化体系中居于核心位置。打造风生水起银川市创新文化，需要构建以企业、政府和中介三方为主体的主体创新文化、制度创新文化和环境创新文化的联动创新文化体系，才能达到系统整合的效果。

（一）构建企业的创新文化

以企业为主体的主体创新文化是城市创新文化的核心，体现为企业家

精神层面的文化构建，如对创业、创新、创富、流动、信用、开放、敬业、执着、合作以及宽容等创新实践价值观的认同。企业内部更要大力提倡创新创造精神，努力为人才的成长和员工的发展提供良好的发展环境，要为广大基层员工提供施展才华、提升能力的平台，充分尊重和发扬基层员工的“首创”精神，积极培养一种有利于企业家成长的文化氛围，追求成功，也更加包容失败。

（二）构建制度创新文化

以政府主体的制度创新文化是城市创新文化建设的保证，体现为建设服务型政府的文化构建，包括机制、体制和政策中所蕴含的服务型价值观；完善支持创新的社会服务体系和中介组织，形成支持和鼓励创新的外部环境。这就要求政府部门改进作风，克服“官本位”思想，积极转变政府职能，创建高效廉洁的文化氛围，制定“亲商、利商、暖商、敬商、懂商、悦商”的政策体系和“宁愿政府麻烦，不让企业费事”的作风，为产业集群的发展和创新文化的构建提供良好的体制机制和政策环境，营造良好的制度氛围。

（三）激发环境创新文化

以中介主体的环境创新文化是文化宣贯的基础，体现为专业化服务机构层面的创新文化构建，营造敢为人先、敢闯敢试、包容大气、宽松开明、勇于拼搏、善于发展的创新文化核心价值观，尤其是发挥大学和科研院所作用，培养创新、创业人才要充分发挥大学科研院所作为文化传播源的作用，通过大学科研院所的改制以促进区域创新创业文化的形成，要坚持“人才提升”的战略，这里的人才不仅包括实验室人才，更应该包括具有企业家精神的创新创业人才。只有把实验室人才和创业型人才结合，才能形成科教资源优势向经济优势的现实转变，也才能推动创新创业的文化形成。通过城市创新文化建设，倡导“鼓励创新、敢于创造、宽容失败”的风尚，才能引得进、留得住、用得好的优秀创新人才，才能激发人才创新创造创业的活力。

附录一　银川市城市创新能力指标统计

银川市城市创新能力指标统计

指标	单位	来源	2001年	2002年	2003年	2004年	2005年	2006年	2007年	2008年	2009年	2010年	2011年	2012年	2013年	2014年	2015年
科研经费总投入*	万元	银川年鉴、科技统计公报	8951.13	10615.07	12279	14881.3	15499.9	20717.7	33991.9	43431.4	60563.9	65476	84256	115561	130250.7	156199.2	174526.1
财政科技支出	万元	银川年鉴	1454	1426	1519	2244	2967	3308	4941	6318	10554	11625	22605	32391	39013	37980	32510
企业研发经费内部投入	万元	银川年鉴	3752.4	4049.9	5741.8	9570.3	11585.5	14080	28038	33793.7	35198.9	38215.2	51628.8	79081.1	90785	106376.1	122960.5
科技项目费用	万元	银川年鉴	419	335	480	835	635	720	820	943	1037	1260	6500	1800	2160	2400	2660
教育经费支出	万元	银川年鉴	16759	23709	24920	29310	36806	47800	97279	108757	133268	176559	183485	187812	248499	268276	293002
技术引进经费	万元	银川年鉴	632	1198.3	154	6415.9	3087.5	9949	7482	158354	23011.9	8870.4	18113.8	9458.2	315	38861.7	220158.9
研发人员全时当量*	万人年	科技年鉴	2821	2975	2718	3515	4046	4412	5564.8	5152.75	6919.5	6377.7	7358	8072.9	8234.4	9500.1	9247
研发人员全时当量（企）	人	银川年鉴	—	—	—	968.6	876.57	1858	1756.05	—	2062.6	1776.1	2211	2433.1	2912.2	3714.7	—
研发人员全时当量（科研院校）	人	银川年鉴	—	—	—	2546.4	3169.43	2554	3808.75	—	4856.9	4601.6	5147	5639.8	5322.2	5785.4	—
高技术产业从业人员*	人	宁夏年鉴	7815	8012	7923	8432	8792	8565	7023	6098	6344	6634	5612	7161	6726	7417	11270
普通高校学生数	人	银川年鉴	20134	25947	30891	36801	40925	46073	52657	60505	62432	69678	74082	78721	88477	97593	97996
在校研究生数	人	银川年鉴	268	395	594	974	1443	1823	2157	2306	2836	2956	3513	3748	3992	4085	4347

续表

指标	单位	来源	2001年	2002年	2003年	2004年	2005年	2006年	2007年	2008年	2009年	2010年	2011年	2012年	2013年	2014年	2015年
银川市人均GDP	元/人	银川年鉴	11244	12716	15159	18526	21091	24532	30513	34473	38392	42771	48964	56528	62437	65942	69594
银川市GDP	万元	银川年鉴	1040000	1330000	1566000	1889700	2885000	3352900	4003000	5141100	5781500	7632600	9747900	11408300	1.3E+07	13956700	14807300
社会消费品零售总额	万元	银川年鉴	567457	631580	719856	828554	954130	1107665	1317421	1616499	2042129	2446470	3116998	3569297	4051813	4454190	4776287
居民人均可支配收入	元	银川年鉴	6256.61	6845.28	7245.32	7984.33	8852.42	10067.76	12185.47	14458	15715.44	17073.12	19480.85	21900.5	23776.4	26117.69	2826.37
居民人均消费支出	元	银川年鉴	5507.79	5979.36	6093.01	6728.85	7311.38	8288.47	9176.42	11455	12271.76	13589	14931.24	16389.53	16843.8	20401.22	21694.03
第一产业比重	%	银川年鉴	10.4	9.3	7.3	7	6.6	6	5.6	5.3	5.1	5.1	4.8	4.4	4.3	3.8	9
第二产业比重	%	银川年鉴	41.3	40.6	42.6	44.1	45.2	46.7	47.5	47.5	48.8	50.5	53.2	53.8	53.4	54	40.5
第三产业比重	%	银川年鉴	48.3	50.1	50.1	48.9	48.2	47.3	46.9	47.2	46.1	44.44	42	41.8	42.3	42.2	50.5
进出口贸易总额	万美元	银川年鉴	27900	23360	28750	42689	52617	89265	108879	126986	66606	99830	121000	136371	241065	450000	326671
城镇化水平	%	银川年鉴	52.15	52.69	59.54	61.01	60.86	63.32	63.79	69.92	71.10	72.50	74.38	75.04	74.79	75.45	75.80
邮电业务总量	万元	银川年鉴	116008	130389	150294	199442	218200	246431	280632	326375	360200	431880	264017	293125	366108	365423	374924
互联网用户数量	户	银川年鉴	47456	116364	150238	181568	221700	108600	114000	116410	197400	241946	307117	339593	385854	440269	478321
人均城市道路面积	平方米	银川年鉴	7.47	8.42	10.43	13.51	14.13	14.19	14.63	15.02	15.06	15.28	12.2	13.6	19.8	13.7	13.7
每万人拥有公交车辆	标台	银川年鉴	7.25	8.03	8.08	8.45	10.05	11.74	11.9	15.2	14.1	11	11.5	13.3	14.3	13.9	17.4
货运周转量	万吨/千米	银川年鉴	168145	190162	211205	216448	232092	235412	247417	263994	1257876	1347185	1498070	1728042	1604415	1643428	1370800
客运周转量	万人/千米	银川年鉴	144234	152435	124815	142166	160420	162024	173365	187408	216942	231846	251785	279481	251389	303176	318396
废气排放强度	吨/万元	银川年鉴	0.0065	0.0076	0.0069	0.0072	0.0041	0.0035	0.0032	0.003	0.003	0.0028	0.0067	0.0056	0.005	0.0049	0.0045
废水排放强度	吨/万元	银川年鉴	35.01	33.85	34.42	36.87	23.66	43.79	31.92	23.34	21.07	19.73	15.33	12.64	11.84	9.9	7.21
人均公园绿地面积	平方米	银川年鉴	3.63	3.64	7.25	7.27	7.45	7.8	8	14.01	14.01	12.06	12.2	13.4	15.1	16.1	16.3
污水处理率	%	银川年鉴	24.81	42.77	54.46	68.23	71.34	74.96	82.23	87.61	87	91.8	92	92	93	93	93.8
科研机构数量 *	所	科技年鉴	24	25	25	27	27	27	22	22	22	22	21	21	21	21	—
省部级以上重点实验室和研究中心 *	个	科技年鉴	7	7	10	10	11	16	18	21	39	55	71	83	98	111	124
高校数量	所	银川年鉴	3	9	11	9	11	11	10	12	12	13	14	13	15	15	—

续表

指标	单位	来源	2001年	2002年	2003年	2004年	2005年	2006年	2007年	2008年	2009年	2010年	2011年	2012年	2013年	2014年	2015年
企业科技机构数量	个	银川年鉴	24	26	37	24	37	51	59	65	54	59	55	70	85	81	—
产学研合作（科研院所研发经费中企业资金比例）*	%	创新能力报告	1.34	1.66	1.98	2.32	2.59	2.96	3.39	3.82	4.9	2.79	3.45	4.41	5.44	8.73	7.01
颁布科技政策数量	个	科技局	6	16	11	0	4	10	6	5	10	17	10	14	16	27	23
专利申请数	件	国知局	256	341	264	258	356	360	580	618	664	501	637	1216	2345	2704	3300
专利申请数（企业）	个	银川年鉴	—	—	—	65	32	47	—	51	248	417	339	556	782	808	—
专利申请数（科研院校）	个	银川年鉴	—	—	—	193	324	313	—	567	416	84	298	660	1563	1896	—
发明专利申请数	件	国知局	69	74	74	62	80	117	83	118	142	193	282	512	1431	1794	2155
发明专利申请数（企业）	个	银川年鉴	—	—	—	8	25	15	—	13	84	121	143	257	390	428	—
专利授权数	件	国知局	155	169	214	157	145	175	167	411	509	551	359	520	746	873	1255
发明专利授权数	件	国知局	15	16	46	32	31	46	17	35	37	43	70	100	136	153	287
科技论文发表数量*	篇	科技年鉴	3028	2653	3317	3982	4235	4235	4167	5189	6211	7292	8077	7881	7328	8019	6859
科技活动项目数*	项	科技统计公报	122	88	114	118	112	107	104	75	91	123	152	147	142	141	96
国家级科技奖项数	项	科技局	1	0	0	1	1	1	2	2	2	1	0	0	0	0	—
新产品产值	万元	银川年鉴	34342.9	33251.6	83792.3	144727.1	202218.4	193539	221684.4	447477.7	591272	623600.4	852756.1	1350884	1900187	975459	2736436.8
高技术产业产值*	亿元	创新能力报告	5.5	6.48	6.95	9.85	10.65	14	19.13954	16.35981	22.64	24.88	25.66	26.51	28.71	29.65	32.24
技术成交合同额	万元	科技年鉴	8872	8496	10047	12827.1	14131.03	5349.37	6640.688	8857.599	8982.286	9971.983	39446.59	29135.47	14289.3	31822.79	35201.81
政府重视程度（政府报告"创新"词频）	次/万字	政府报告	4	5	5	6	5	6	—	—	—	12.00	—	10.30	16.25	16.89	17.45
科技贷款（政策性贷款）	万元	科技局	—	—	—	—	—	—	—	—	—	—	—	—	—	—	3150
科技金融补贴	万元	科技厅	—	—	—	—	—	—	—	—	—	—	—	452	478	394	387
资本市场融资额	万元	科技厅	—	—	—	—	—	—	—	—	—	87500	394897.7	0	0	292835.4	59069

注：①标注*的指标项，在本研究模型构建和实验仿真中，因银川市数据统计缺失或未能获取，以宁夏区统计数据替代之；"—"表示数据缺失。②为使表格更为紧凑，部分资料来源采用了简称：《中国科技统计年鉴》简称为"科技年鉴"；《全国科技经费投入统计公报》简称"科技统计公报"；《宁夏统计年鉴》简称为"宁夏年鉴"；《银川统计年鉴》简称为"银川年鉴"；《银川市政府工作报告》简称为"政府报告"；"中华人民共和国国家知识产权局"简称"国知局"；"中国区域创新能力评价报告"简称"创新能力报告"。

附录二　银川市城市创新城市景气影响因素识别调查表

为全面了解银川市创新城市景气状态，厘清来自各方面的创新景气影响因素、不同性质要素之间的关系和演化路径，揭示银川市创新发展演变基本路径，我们制作本调查表并邀请您参与完成。您的回答会对研究结果产生重要影响。调查全部采用匿名形式，不会对您个人带来任何不利影响，请您放心填写。

感谢您的支持！

银川市创新城市景气研究课题研究组

说明：

1. 概念界定

景气：经济发展繁荣、衰落消退、萧条冷落、复苏转好四种状态。

创新景气：创新活动繁荣、上升、兴旺、发达的状态。

2. 调查填写说明

（1）第一部分：填写空格信息，在“□”处打钩或标注“是”。

（2）第二部分、第三部分和第四部分：在调查表右半部分“非常不同意、不同意、无意见、同意、非常同意”列，根据您的判断意愿打钩或填“是”。

第一部分：基本信息

1. 所在单位名称：

2. 您的年龄段：

20 岁以下 □

20~29 岁 □

30~39 岁 □

40~49 岁 □

50~59 岁 □

60 岁及以上 □

3. 文化水平：

高中（或职高）及以下 □

大专 □

本科 □

硕士研究生 □

博士研究生 □

4. 您所在单位性质：

企业 □

事业单位 □

政府部门 □

其他 □

5. 您所在企业属于哪个行业？

家用电器业 □

航天科技 □

生物制药业 □

能源动力业 □

机械制造业 □
农业及相关 □
金属制品业 □
非金属制品业 □
文化创意 □
汽车零配件与机电产品制造业 □
信息产业 □
光电子产业 □
纺织皮革业 □
精细化工 □
食品加工业 □
化学制品业 □
其他 □

6. 所在事业单位属于下列哪类?

选项 □
高校 □
科研机构 □
其他 □

7. 您单位是否有专门的研究开发机构?

有 □
没有 □

8. 您单位是否有研发创新活动?

有 □
没有 □

第二部分：银川市创新城市景气影响因素识别调查表

1. 创新资金投入因素

题目\选项	非常不同意	不同意	无意见	同意	非常同意
研究开发经费总投入的增加，促进了城市创新活动向繁荣上升状态发展					
政府财政科技支出的增加，促进了城市创新活动向繁荣上升状态发展					
企业研究开发经费投入增加，有利于城市创新活动向繁荣上升状态发展					
科技项目经费投入增加，有利于城市创新活动向繁荣上升状态发展					
基础研究人员经费投入增加，有利于城市创新活动向繁荣上升状态发展					
政府教育经费支出额增加，有利于城市创新活动向繁荣上升状态发展					

2. 人力资源投入因素

题目\选项	非常不同意	不同意	无意见	同意	非常同意
本市研究开发人员数的增加，促进了城市创新活动向繁荣上升状态发展					
企业研究开发人员数的增加，有利于城市创新活动向繁荣上升状态发展					
高技术产业从业人员数的增加，促进了城市创新活动向繁荣上升状态发展					
高技术产业中科研人员数的增加，有利于城市创新活动向繁荣上升状态发展					
总人口中高校学生数的增加，促进了城市创新活动向繁荣上升状态发展					
学生中大学生数的增加，有利于城市创新活动向繁荣上升状态发展					
在校研究生数的增加，促进了城市创新活动向繁荣上升状态发展					

3. 经济社会环境因素

题目\选项	非常不同意	不同意	无意见	同意	非常同意
经济发展水平的提高，促进了城市创新活动向繁荣上升状态发展					
社会消费水平的提高，有利于城市创新活动向繁荣上升状态发展					
居民收入的提高，促进了城市创新活动向繁荣上升状态发展					
居民消费支出的提高，有利于城市创新活动向繁荣上升状态发展					
第一产业产值在国民总产值中所占比重的提高，促进了城市创新活动向繁荣上升状态发展（第一产业为农业，包括农、林、牧、渔各业）					
第二产业产值在国民总产值中所占比重的提高，有利于城市创新活动向繁荣上升状态发展（第二产业为工业，包括采掘、制造、自来水、电力、蒸汽、热水、煤气和建筑各业）					
第三产业产值在国民总产值中所占比重的提高，促进了城市创新活动向繁荣上升状态发展（第三产业为服务业和流通业）					
资源型产业产值在国民总产值中所占比重的提高，有利于城市创新活动向繁荣上升状态发展					
城镇化水平的提高，促进了城市创新活动向繁荣上升状态发展					
少数民族人口数所占比重的提高，有利于城市创新活动向繁荣上升状态发展					

4. 创新载体因素

题目\选项	非常不同意	不同意	无意见	同意	非常同意
科技研发机构数的增加，促进了城市创新活动向繁荣上升状态发展					
高等院校数的增加，有利于城市创新活动向繁荣上升状态发展					

续表

题目\选项	非常不同意	不同意	无意见	同意	非常同意
企业科技研发机构数的增加，促进了城市创新活动向繁荣上升状态发展					
企业创新活动数的增加，有利于城市创新活动向繁荣上升状态发展					
企业创新活动的增加，促进了城市创新活动向繁荣上升状态发展					
科技企业孵化器数的增加，有利于城市创新活动向繁荣上升状态发展					
高新技术企业数的增加，促进了城市创新活动向繁荣上升状态发展					
国家级、省部级重点实验室和工程研究中心数的增加，有利于城市创新活动向繁荣上升状态发展					
产业集群的增加，促进了城市创新活动向繁荣上升状态发展					
产学研合作的增加，有利于城市创新活动向繁荣上升状态发展					

5. 基础设施环境因素

题目\选项	非常不同意	不同意	无意见	同意	非常同意
互联网用户数的增加，促进了城市创新活动向繁荣上升状态发展					
城市道路建设的提高，有利于城市创新活动向繁荣上升状态发展					
公共交通发展的提高，促进了城市创新活动向繁荣上升状态发展					
货运周转量的增加，有利于城市创新活动向繁荣上升状态发展					
客运周转量的增加，促进了城市创新活动向繁荣上升状态发展					

6. 生态环境因素

题目\选项	非常不同意	不同意	无意见	同意	非常同意
工业废气排放的减少，促进了城市创新活动向繁荣上升状态发展					
工业废水排放的减少，有利于城市创新活动向繁荣上升状态发展					
公园绿地建设的增加，促进了城市创新活动向繁荣上升状态发展					
污水处理力度的提高，有利于城市创新活动向繁荣上升状态发展					

7. 政府政策环境因素

题目\选项	非常不同意	不同意	无意见	同意	非常同意
吸收和培养人才政策的发展，促进了城市创新活动向繁荣上升状态发展					
优先发展产业支持政策的发展，有利于城市创新活动向繁荣上升状态发展					
知识产权保护力度的加强，促进了城市创新活动向繁荣上升状态发展					
知识园区或高新技术产业园区建设和管理的提高，有利于城市创新活动向繁荣上升状态发展					
高技术产业扶持政策的发展，促进了城市创新活动向繁荣上升状态发展					

8. 企业创新政策因素

题目\选项	非常不同意	不同意	无意见	同意	非常同意
企业研发费用税收的减少，有利于城市创新活动向繁荣上升状态发展					
企业研发活动设备加速折旧政策的改善，促进了城市创新活动向繁荣上升状态发展					
企业科技开发用品税收的减少，有利于城市创新活动向繁荣上升状态发展					
企业技术转让开发税收的减少，促进了城市创新活动向繁荣上升状态发展					

9. 创新成果因素

题目\选项	非常不同意	不同意	无意见	同意	非常同意
科技论文发表的增加，有利于城市创新活动向繁荣上升状态发展					
专利申请量的增加，促进了城市创新活动向繁荣上升状态发展					
专利授权量的增加，有利于城市创新活动向繁荣上升状态发展					
发明专利授权量的增加，促进了城市创新活动向繁荣上升状态发展					
科技活动项目量的增加，有利于城市创新活动向繁荣上升状态发展					
企业商标拥有的增加，促进了城市创新活动向繁荣上升状态发展					
技术市场成交额的增加，有利于城市创新活动向繁荣上升状态发展					
国家级自主创新产品和新产品的增加，促进了城市创新活动向繁荣上升状态发展					
获得科技奖项数的增加，有利于城市创新活动向繁荣上升状态发展					

10. 经济社会发展因素

题目\选项	非常不同意	不同意	无意见	同意	非常同意
新产品产值的提高，促进了城市创新活动向繁荣上升状态发展					
高技术产业产值的提高，有利于城市创新活动向繁荣上升状态发展					
高技术产品出口额的提高，促进了城市创新活动向繁荣上升状态发展					
文化创意产业产值的提高，有利于城市创新活动向繁荣上升状态发展					
能源消耗的减少，促进了城市创新活动向繁荣上升状态发展					
科技进步贡献率的提高，有利于城市创新活动向繁荣上升状态发展					
对外开放度的增加，促进了城市创新活动向繁荣上升状态发展					

附录三　银川市城市创新驱动系统模型子循环列示

Loop Number 1 of length 5
创新产值年增加
地区 GDP
教育科研经费增加
教育科研经费投入
重点实验室、研究（创新）中心
科技论文发表数量

Loop Number 2 of length 5
创新产值年增加
地区 GDP
企业科研机构
成果增长性
创新成果年增加
创新成果

Loop Number 3 of length 6
创新产值年增加
地区 GDP
居民可支配收入
第三产业比重
成果增长性
创新成果年增加
创新成果

Loop Number 4 of length 7
创新产值年增加
地区 GDP
科技政策
科研经费增量
科研经费投入
成果增长性
创新成果年增加
创新成果

Loop Number 5 of length 7

创新产值年增加

地区 GDP

创业环境

高技术人才指数

企业科研机构

成果增长性

创新成果年增加

创新成果

Loop Number 6 of length 7

创新产值年增加

地区 GDP

教育科研经费增加

教育科研经费投入

重点实验室、研究（创新）中心

成果增长性

创新成果年增加

创新成果

Loop Number 7 of length 7

创新产值年增加

创新产值

科技政策

科研经费增量

科研经费投入

成果增长性

创新成果年增加

创新成果

Loop Number 8 of length 7

创新产值年增加

地区 GDP

居民可支配收入

居民消费支出

第三产业比重

成果增长性

创新成果年增加

创新成果

Loop Number 9 of length 7

创新产值年增加

地区 GDP

科技政策

科技引导基金

授信额

Loop Number 10 of length 7

创新产值年增加

创新产值

科技政策

科技引导基金

授信额

科技信贷余额
天使投资
资本市场融资

科技信贷余额
天使投资
资本市场融资

Loop Number 11 of length 8
创新产值年增加
地区 GDP
科技政策
科研经费增量
科研经费投入
企业科研机构
成果增长性
创新成果年增加
创新成果

Loop Number 12 of length 8
创新产值年增加
地区 GDP
科技政策
创业环境
高技术人才指数
企业科研机构
成果增长性
创新成果年增加
创新成果

Loop Number 13 of length 8
创新产值年增加
创新产值
科技政策
科研经费增量
科研经费投入
企业科研机构
成果增长性
创新成果年增加
创新成果

Loop Number 14 of length 8
创新产值年增加
创新产值
科技政策
创业环境
高技术人才指数
企业科研机构
成果增长性
创新成果年增加
创新成果

参考文献

[1] Furman J. L., Porter M. E., Stern S. The determinants of national innovative capacity [J]. Research Policy, 2002, 31 (6): 899–933.

[2] Wunschvincent S., Lanvin B., Dutta S. The Global Innovation Index 2015: Effective Innovation Policies for Development [J]. Working Papers, 2015, 49 (7): 1329–1349.

[3] Index of Silicon Valley 2015 [R]. California: JointVenture, 2015: 3–4.

[4] Mowery D. C., Sampat B. N. Bayh-Dole Act of 1980 and university-industry technology transfer: a model for other OECDgovernments? [J]. Journal of Technology Transfer, 2005, 30 (1–2): 115–127.

[5] Lall S. Technological capabilities and industrialization [J]. World Development, 1992, 20 (2): 165–186.

[6] Malerba, F. Sectoral Systems: How and Why Innovation Differs Across Sectors [J]. The Oxford Handbook of Innovation, 2005 (6): 380–406.

[7] Archibugi D. The Inter-industry Distribution of Technological Capabilities: a Case Study in the Application of Italian Patenting inthe USA [J]. 1998 (7): 259–274.

[8] Crescenzi R., Rodriguez-Pose A., Storper M. The territorial dynamics of innovation in China and India [J]. Journal of Economic Geography,

2012, 12 (5): 1055-1085.

[9] Jaffe A. B., Trajtenberg M., Henderson R. Geographic localization of knowledge spillovers as evidenced by patent citations [J]. The Quarterly Journal of Economics, 1993, 108 (3): 577-598.

[10] Bollen K. A., Long J. S. Testing Structural Equation Models [J]. Bms Bulletin of Sociological Methodology, 1993, 69 (39): 66-67.

[11] Paul M. Romer. Endogenous Technological Change. Journal of Political Economy [J]. Journal of Political Economy. 1990, 98 (5): 7-14.

[12] Bramanti A., Maggioni M. A. The Dynamics of Milieux: The Network Analysis Approach [A]. Edited by Patti R., Bramanti A., Gordon R. The Dynamics of Innovative Regions: The GREMI approach [C]. Ashgate Publishing Ltd. 1997.

[13] Richard R. Nelson. National Inovation systems: A Comparative Analysis [M]. Oxford University Press. 1993.

[14] Robert E. Lucas Jr. On the mechanics of economic development. Journal of Monetary Economics. 1988, 22 (1): 3-42.

[15] T. L. Saaty, The Analytic Hierarchy Process [M]. RWS Publications, Pittsburgh, PA, 1987.

[16] 董文泉，高铁梅，陈磊，吴桂珍. Stock-Watson 型景气指数及其对我国经济的应用 [J]. 数量经济技术经济研究，1995 (12): 68-74.

[17] 陈迪红，李华中等. 行业景气指数建立的方法及实证分析 [J]. 系统工程，2003 (4): 72-76.

[18] 高铁梅，孔宪丽，刘玉. 中国钢铁工业景气指数研究 [J]. 冶金管理，2004 (8): 19-21.

[19] 中国人民银行武汉分行金融研究处课题组，刘伟林，吴莹. 湖北省房地产景气循环与宏观调控研究：基于合成指数与自相关滞后分布模型

的分析［J］. 金融研究，2006（4）：166-175.

［20］张炜，方辉，刘信. 浙江省战略性新兴产业景气指数研究［J］. 科技管理研究，2015（4）：47-49+67.

［21］崔维军. 欧盟创新指数研究进展［J］. 中国科技论坛，2009（11）：125-128.

［22］李社环，梁勤星. 经济景气观测方法［M］. 上海：上海译文出版社，2003.

［23］周霞，李坤泽，吴虹霞. 论中国地区知识竞争力评价指标体系的构建［J］. 科技管理研究，2008（11）：90-92.

［24］蒋跃华. 中国区域环境效率评价及景气指数研究［D］. 湖南大学博士学位论文，2016.

［25］杨武，肖俊雄，解时宇. 基于景气状态测度的国家科技创新景气指数研究——以中美日法德为例［J］. 科研管理，2014（3）：8-17.

［26］编委会. 国家创新指数报告［M］. 北京：科学技术文献出版社，2014.

［27］国家统计局社科文司“中国创新指数研究”课题组，贾楠，李胤. 中国创新指数研究［J］. 统计研究，2014，31（11）：24-28.

［28］周天勇. 中国城市创新报告（2015）［M］. 北京：社会科学文献出版社，2015.

［29］王兆华，于江.“中关村指数”评价体系及其对我国科技园区发展的启示［J］. 科学学与科学技术管理，2007（2）：114-119.

［30］吴林海. 创新型城市评价指标体系研究综述与展望［J］. 科技管理研究，2008，28（1）：79-81.

［31］杭州市科技局. 杭州创新指数介绍［J］. 杭州科技，2008（4）：9-11.

［32］左建龙. 诺斯的理论创新及其评价［J］. 世界经济，1994（1）.

［33］陈春晖，曾德明. 我国自主创新投入产出实证研究［J］. 研究与发

展管理，2009（1）：18-23.

［34］柳卸林，胡志坚. 中国区域创新能力的分布与成因［J］. 科学学研究，2002（5）：550-556.

［35］彼得·德鲁克. 管理：任务、责任和实践［M］. 北京：华夏出版社，2008.

［36］杨武，王悦，申远. 基于SW模型测度的区域科技创新景气指数构建研究——以深圳南山区科技创新统计改革后的季度数据为例［J］. 科技管理研究，2015（16）：47-54.

［37］李楠，龚惠玲，张超. 区域创新驱动发展关键影响因素研究［J］. 科技进步与对策，2016（12）：41-46.

［38］章立军. 创新环境、创新能力及全要素生产率——基于省际数据的经验证据［J］. 南方经济，2006（11）：43-56.

［39］齐晓梅. 知识产业化的内涵及重要意义［J］. 海南大学学报：人文社会科学版，2001，19（2）：87-90.

［40］方创琳. 中国创新型城市发展报告［M］. 北京：科学出版社，2013.

［41］项国明. 东北区域创新系统与经济发展协调性研究［D］. 吉林大学博士学位论文，2009.

［42］李社环. 经济景气观测方法［M］. 上海译文出版社，2003.

［43］宋佰谦. 宏观经济景气指数的编制及运用［J］. 广西经济管理干部学院学报，2003，15（4）：22-25.

［44］虞晓芬，李正卫，池仁勇，施鸣炜. 我国区域技术创新效率：现状与原因［J］. 科学学研究，2005（2）：258-264.

［45］刘恒，陈述云. 中国经济周期波动的新态势［J］. 管理世界，2003（3）：5-16+154.

［46］国家统计局社科文司中国创新指数（CII）研究课题组. 中国创新指数研究［J］. 统计研究，2014（11）：24-28.

［47］中国科学技术发展战略研究院. 国家创新指数报告［M］. 北京：科学技术文献出版社，2014.

［48］杭州市科技局. 杭州创新指数介绍［J］. 杭州科技，2008（4）：9-11.

［49］崔维军，李廉水. 欧盟创新指数演化分析［J］. 科学学与科学技术管理，2009（2）：88-90.

［50］周天勇，旷建伟. 中国城市创新报告（2015）［M］. 北京：社会科学文献出版社，2015.

［51］颜莉，吴海燕. 中国城市创新能力及其评价［M］. 武汉：武汉大学出版社，2012.

［52］约瑟夫·熊彼特. 经济发展理论［M］. 北京：商务印书馆，2000.

［53］田红娜. 资源型城市创新体系效能测度实证研究［J］. 科技进步与对策，2010（18）：123-127.

［54］袁志红. 城市创新指数的设计与选择研究——以太原为例［J］. 科技管理研究，2012（15）：79-83.

［55］张景安. 深圳创新评价［M］. 北京：科学出版社，2011.

［56］中国科技发展战略研究小组. 中国区域创新能力报告（2015）［M］. 北京：科学技术文献出版社，2015.

［57］赵黎明，冷晓月. 城市创新［M］. 天津：天津大学出版社，2002.

［58］石良平. 景气循环预警方法的理论思考［J］. 财经研究，1992（5）：10-17.

［59］范仕超. 基于系统动力学的长三角城市群房地产市场景气测度研究［D］. 哈尔滨工业大学博士学位论文，2015.

［60］杨武，肖俊雄，解时宇. 基于景气状态测度的国家科技创新景气指数研究——以中美日法德为例［J］. 科研管理，2014（3）：8-17.

［61］陈乐一. 我国经济周期阶段与持续繁荣［M］. 北京：人民出版社，2007.

[62] 李国平，王春杨. 我国省域创新产出的空间特征和时空演化——基于探索性空间数据分析的实证 [J]. 地理研究，2012（1）：95-106.

[63] 杨武，肖俊雄，解时宇. 基于景气状态测度的国家科技创新景气指数研究——以中美日法德为例 [J]. 科研管理，2014（3）：8-17.

[64] 板元庆行，石黑真木夫，北川源四郎. 情报量统计学 [M]. 日本：日本共立出版社，1982.

[65] 徐国祥. 统计指数理论及应用 [M]. 北京：中国统计出版社，2004.

[66] 杨武，解时宇，宋盼. 基于主成分分析的中国科技创新景气指数研究 [J]. 中国科技论坛，2014（12）：18-22.

[67] 陈磊，吴桂珍，高铁梅. 主成分分析与景气波动——对 1993 年我国经济发展趋势的预测 [J]. 经济研究，2007（1）：7-14.

[68] 李婧，谭清美，白俊红. 中国区域创新效率及其影响因素 [J]. 中国人口.资源与环境，2009（6）：142-147.

[69] 颜莉，张军. 区域创新体系的影响因子分析模型实证研究——以武汉为例 [J]. 经济问题，2011（6）：119-122.

[70] 郭淡泊，雷家骕，张俊芳，彭勃. 国家创新体系效率及影响因素研究——基于 DEA-Tobit 两步法的分析 [J]. 清华大学学报（哲学社会科学版），2012（2）：142-150+160.

[71] 谭俊涛，张平宇，李静. 中国区域创新绩效时空演变特征及其影响因素研究 [J]. 地理科学，2016（1）：39-46.

[72] 李楠，龚惠玲，张超. 基于 SEM 的区域创新驱动发展关键影响因素研究 [J]. 科技进步与对策，2016（12）：41-46.

[73] 郑琼洁，倪鹏飞，杨旭. 东北亚城市科技创新能力提升的因素探讨——基于结构化方程模型的路径分析 [C]. 21 世纪数量经济学. 2010.

[74] 岳鹄，张宗益. R&D 投入、创新环境与区域创新能力关系研究

(1997~2006)［J］. 当代经济科学，2008（6）：110-116+126.

［75］郑艳民，张言彩，韩勇. 区域创新投入、产出及创新环境的数量关系研究——基于省级截面数据的实证分析［J］. 科技进步与对策，2012，29（15）：35-41.

［76］吴晓松. 国家创新体系对企业创新能力及创新绩效影响研究［D］. 昆明理工大学博士学位论文，2012.

［77］刘放，杨筝，杨曦. 制度环境、税收激励与企业创新投入［J］. 管理评论，2016，28（2）：61-73.

［78］刘冰，冯华，王海腾，张晓伟. 创新产出与创新环境要素灰色关联度评价研究——以北京中关村为例［J］. 学术论坛，2016，39（1）：49-53.

［79］余伟，陈强，陈华. 环境规制、技术创新与经营绩效——基于 37 个工业行业的实证分析［J］. 科研管理，2017，38（2）：18-25.

［80］吴明隆. 结构方程模型：AMOS 的操作与应用［M］. 重庆：重庆大学出版社，2010.

［81］罗伯特 · F. 德威利斯著，魏勇刚等译. 量表编制：理论与应用［M］. 重庆：重庆大学出版社，2004.

［82］孙晓强. 品牌资产提升策略——品牌代言人视角下的理论与案例［M］. 北京：经济科学出版社，2009.

［83］卢纹岱. SPSS For Winsdows 统计分析［M］. 北京：电子工业出版社，2006.

［84］邱皓政，林碧芳. 结构方程模型的原理与应用［M］. 北京：中国轻工业出版社，2009.